行业战略·管理·运营书系

陕北矿业
3F精细化管理

■ 邹绍辉　李强林　著

知识产权出版社
全国百佳图书出版单位

图书在版编目（CIP）数据

陕北矿业 3F 精细化管理/邹绍辉，李强林著. —北京：知识产权出版社，2015.9
ISBN 978 – 7 – 5130 – 3735 – 8

Ⅰ.①陕… Ⅱ.①邹… ②李… Ⅲ.①矿业—工业企业管理—陕北地区 Ⅳ.①F426.1

中国版本图书馆 CIP 数据核字（2015）第 205642 号

内容提要

本书主要采用规范分析和案例研究相结合的方法，从精细化管理推进思想、精细化管理方法、组织管理、人力资源管理、基本建设、财务管理、安全生产、科技创新、企业文化和发展战略等方面全面剖析和总结了陕北矿业的管理创新成果与实践经验。其 3S 精细化管理思想、DOC 方法、组织架构模块化、3F 精细化管理、人力资源变革路径、岗位价值核算、基本建设六位一体化管理等，对助推我国煤炭企业全面提升管理水平、转型升级煤炭产业链和实现可持续发展具有重要的示范、借鉴和指导价值。

本书可供企业和政府人员参阅，也可供高等院校采矿工程、经济学和管理学、MBA 和 EMBA 等专业师生教学和阅读。

责任编辑：荆成恭	责任校对：董志英
封面设计：刘 伟	责任出版：孙婷婷

陕北矿业 3F 精细化管理
邹绍辉 李强林 著

出版发行：知识产权出版社 有限责任公司	网　　址：http://www.ipph.cn
社　　址：北京市海淀区马甸南村 1 号	天猫旗舰店：http://zscqcbs.tmall.com
责编电话：010 – 82000860 转 8341	责编邮箱：jcggxj219@163.com
发行电话：010 – 82000860 转 8101/8102	发行传真：010 – 82000893/82005070/82000270
印　　刷：北京中献拓方科技发展有限公司	经　　销：各大网上书店、新华书店及相关专业书店
开　　本：720mm×1000mm　1/16	印　　张：10.75
版　　次：2015 年 9 月第 1 版	印　　次：2015 年 9 月第 1 次印刷
字　　数：175 千字	定　　价：48.00 元
ISBN 978 – 7 – 5130 – 3735 – 8	

出版权专有　侵权必究
如有印装质量问题，本社负责调换。

前　言

陕西陕北矿业有限责任公司（以下简称陕北矿业或公司）是陕西煤业化工集团有限公司（以下简称陕西煤业化工集团）的全资子公司，主要从事煤炭和煤化工产品的生产与销售，其前身是兰州军区后勤部陕北矿业管理局。20世纪80年代，在神府矿区开发的热潮下，中国人民解放军第21集团军各部先后派员参加了韩家湾煤矿、大哈拉煤矿等矿井的筹建工作，为组建陕北矿业奠定了基础。随后，在陕西省人民政府、华能精煤公司的大力支持下，1988年兰州军区后勤部陕北矿业管理局获得了韩家湾井田的开采权，并在当年组建了韩家湾煤炭公司。多年来，陕北矿业管理局全体员工艰苦创业和精心经营，为当地经济和社会发展做出了很大的贡献。在部队办矿期间，累计向国家和当地政府缴纳各种税费及向部队上缴利润近亿元，并先后自筹资金4000多万元投入矿井建设。

1998年12月，陕北矿业管理局整体移交陕西省经贸委，2002年转入陕西省煤炭工业局；2004年2月加入陕西煤业集团；2005年7月改制为陕西陕北矿业有限责任公司；2008年年底，根据陕西省煤业化工集团公司关于煤业上市的安排部署，陕西陕北矿业有限责任公司分立为陕西陕煤陕北矿业有限公司和陕西陕北矿业有限责任公司。目前，这两个公司实行的是两套班子、一套人马。本书为了论述方便，把两个公司统称为陕北矿业，其管理模式涵盖这两个公司。

陕北矿业现有三对煤炭矿井，核定生产能力423万t/年，其中韩家湾煤炭公司（位于神木县大柳塔镇）属于生产矿井，核定生产能力400万t/年，其余两对矿井为在建矿井。所产煤种为长焰煤、不粘煤，煤质具有"三低三高"特点，即特低灰、特低硫、特低磷和高发热量、高挥发分、高化学活性，素有"天然洁净煤"之称。生产矿井均采用长壁式采煤方法，一次采全高综合机械化开采，可伸缩胶带输送机运输，支撑掩护式液压支架支护，采掘机械化程度为100%。陕北矿业的煤化工和电力产业拥有一个全资企业——乾元能化公司，该企业位于榆阳区麻黄梁工业园区。

"梅花香自苦寒来"，二十多年来，陕北矿业从小到大，从部队分散独立管理、部队集中归口管理、"军转企业"地方管理到并入陕西煤业化工集团；特别是从2009年以来，昔日部队所办的"小矿"变成"西部煤炭航母"（陕西煤业化工集团）麾下的主力"大矿"，被誉为"陕西煤业化工集团进军榆林能源基地桥头堡"。历经艰辛，几多磨难，陕北矿业从小变大，由弱到强，追求卓越，实现了跨越式发展。

——资产规模不断扩大。1994年，陕北矿业管理局共有资产2293.89万元，净资产480.37万元。截至2014年年底，陕北矿业现有员工1978人，总资产50多亿元，净资产20多亿元。

——项目建设快速发展。高起点规划、高标准引进、高质量建设、高速度推进项目建设。建成了煤化工一期项目，启动了煤化工二期项目，发展布局实现了从"一枝独秀"到"五朵金花"的成功转变。

——经济效益逐年攀升。2014年，公司营业总收入14.8亿元，较陕西煤业化工集团下达的计划增收3.4亿元，实现利润5080万元。2009—2014年，陕北矿业累计向国家缴纳各项税金超过了17亿元。

——科技创新确保发展。陕北矿业充分发挥科学技术是第一生产力的作用，先后对韩家湾煤炭公司进行综合信息化改造和采煤自动化建设；对庙哈孤矿区顶板支护、防治水、防灭火三大重点研究课题进行攻关，确保了安山煤矿试生产和沙梁煤矿开工建设；对大哈拉煤矿进行了机械化改造；以完善配套新技术装备确保了煤化工一期项目投产和正常运营、以引进和消化吸收煤焦油加氢先进成熟技术专利为重点开工建设了煤化工二期项目，等等，以项目建设推动公司实现了多元发展。

——企业影响日益突出。陕北矿业获得了全国企业信用评价AAA级信用企业、全省首批陕西诚信建设示范单位、陕西省管理服务创新AAA级单位、陕西省2010年度安全生产先进企业、陕西省2012年安全管理先进集体、陕西省信用与社会责任能源化工业十佳单位、陕西煤业化工集团文明单位等重要荣誉称号。下属企业也获得了全国煤炭工业特级安全高效矿井、全国煤炭系统文明煤矿等重要荣誉称号。

——民生工程成效显著。坚持把提高员工生活质量作为企业发展的主要目标之一，打造民生工程，着力改善民生，让广大员工充分享受企业改革发展的成果。不断深化履行劳动合同和集体合同，进一步健全厂务公开工作体制，完善职代会制度，提高了企业民主管理水平和实效。

——社会责任显著提升。自觉履行国有企业的政治责任和社会责任，为国家和地方经济建设和社会发展做出积极贡献。积极参与社会公益活动，搞好节能减排，大力发展循环经济，切实履行企业社会责任，企业社会知名度和社会形象得到了显著提升。

"陕北矿业速度"令人惊叹。公司2006年原煤产量仅为50万t，2014年原煤产量超过了959万t，其发展速度、原煤工效、人均利润均名列陕西煤业化工集团所属企业前列。

作为具有部队优良作风传统的现代化大型煤炭企业，陕北矿业在管理上不断进行创新，积极破解经营管理中的各种难题。管理模式的创新，为陕北矿业置换了一颗动力强劲的"心脏"，永葆跨越式发展动力。特别是2009年以来，在精细化管理的理论指导下，陕北矿业各项管理工作创新力度空前加大，企业管理方式和方法都得以脱胎换骨。陕北矿业秉承"提升管理水平，强化执行力，是增强公司发展后劲的唯一出路""评价一个企业不仅要看这个企业占有的资源有多少、资金有多么雄厚、技术有多么先进，更重要的是要看这个企业的管理模式怎么样""事关陕北矿业公司长远发展的核心仍是管理、卓越的管理、一流的管理，如果管理水平上不去，既有的资源也可能会失去，公司的这块牌子恐怕都会保不住"等理念，确立了"追求卓越，争创一流"的发展思路，以经营管理机制创新为抓手，创立了具有示范和引领作用的现代化煤炭企业精细化管理模式。

经过努力，陕北矿业管理创新与实践取得了以下成就：

"3S精细化推进思想"，即简单化管理（Simplification）、标准化管理（Standardization）和流程化管理（Streamline）。简单化原理紧扣"管用"这一核心，制定的各项措施要符合实际情况，要简单易行，要抓住要害，要精准到位（抓住薄弱环节和突出问题，而不是全面开花）。标准管控原理表明各项工作要有标准，要尽量杜绝随意性，要实现公平与公正，用技术标准、管理标准、作业标准、流程标准等管控各个节点。实现了"三个简化"（简化制度、简化流程、简化层次）、"三个管住"（管住职责分工、管住关键环节、管住成本费用）。标准化管理实现了"五个标准管控"（岗位标准、目标标准、作业标准、技术标准和管理标准）；流程管理确立了"流程管理三步法"（科学规划、规范流程和流程优化）。

"DOC精细化管理方法"，即诊断识别（Diagnosis）、运营机制转变（Operation mechanism transformation）、明确职责、权限、流程和标准（Clear responsibility, authority, process and standard），也即"一诊断、一转变、四明确"。

"组织运营架构模块化"，陕北矿业模块化运营就是在服务企业内部岗位价值核算的前提下，努力形成若干"市场主体"，明确这些核算单元的运营管理边界和职责，让这些市场主体直接面对"市场"，以使企业效率最大化。组织基础管理"7定"法，即定岗、定编、定员、定责、定任职资格、定风险防范措施和定额。

"3F精细化管理模式"，即以机制创新为核心的、以安全生产精细化（Safety & production Fine）、职能管理精细化（Functional management Fine）和精细文化建设（Cultural Fine）为主线的煤炭企业精细化管理模式。

"七大人力资源管理变革"，一是传导和分解经营压力，实现责任目标考核动态化变革；二是激活岗位活力，实现内部市场化变革；三是夯实人力资源管理基础，实现人力资源管理精细化变革；四是采取岗位竞聘、人员准入等多轮驱动模式，实现人员内部结构优化变革；五是有效管控薪酬总额，实现激励方式立体化变革；六是构建以帮助员工创业为宗旨的企业平台化变革；七是转变人力资源管理理念，实现人力资源管理服务化变革。发展并建立了适合陕北矿业实际情况的目标管理、动态考核、岗位竞聘、岗位价值核算、"2+1>3"岗位轮换大学生班组队伍、人力资源管理服务化、岗位效益奖二次分配等人力资源管理方法。

"财务管理三算一本"，即全面预算管理、岗位价值核算管理、内部结算体系管理和成本费用控制管理。

"基本建设六位一体管理"，强调"决策充分—预算管理—造价管理—招投标—过程控制—信息管理"一体化闭环管理。一是围绕企业发展目标，积极转变基本建设管理理念，做到职责、权限、流程和标准的"四统一"。二是真正建立起了业主负责制，克服因业主职能虚化所带来的一系列问题，节省了项目投资成本。三是严把五关，即图纸会审关、合同关、预算关、验收关、结算关，图纸会审由设计单位、陕北矿业、施工单位、监理单位四方同审同签；合同由业务部门牵头组织，计划、财务、企管部门共同参加合同谈判，形成纪要后签订；预算由建设、监管、施工三方会审会签；验收由建设、监理、施工、质检、档案等单位和部门共同组织验收；资金管理方面，制定了建设资金支付流程。四是通过流程、标准、制度、权限划分较好地解决了"权力、责任和管理"的一致性问题。

当前，受世界经济及国内经济增速回落、多个行业产能严重过剩、环境保护压力不断增大、下游行业需求乏力、新能源发展迅速、进口低价煤持续冲击等因素的影响，煤炭价格急剧下降，煤炭企业受到了严峻挑战。相关数据显示，目前我国煤炭过剩产能大致在10亿t，煤炭价格在较长时期内仍将低迷。在这种大环境下，煤炭企业必须紧紧抓住

"降低成本"这条路径，苦练内功，积极应对煤炭行业的不利态势。

精细化管理作为一种先进的管理文化和管理思想，已经被越来越多的企业管理者所接受。实践证明，精细化管理是企业科学发展的客观要求，也是提升管理水平的必然选择。本书在陕北矿业精细化管理创新与实践的基础上，系统总结和提炼其精细化管理思想、方法和特点，创造性提出了一种有别于其他煤炭企业的精细化管理模式，即"3F精细化管理"。该模式最大的特点就是在"职能管理精细化—安全生产精细化—精细文化"动态匹配下螺线式持续改进。从实际效果来看，这种模式在"降本增效"和"提升管理水平"方面作用突出，对于其他企业提升管理水平具有突出的借鉴价值。

本书在写作过程中得到了陕北矿业各个职能部门和二级生产单位的大力支持，也得到了国家自然科学基金（71273207）、陕西省科学技术研究发展计划项目（2011kjxx54）和"西部之光"访问学者（2015年度）项目的部分资助，在此一并感谢！

作者
2015年6月28日

目 录

第1章 精细化管理模式 ... 1
1.1 精益管理 ... 1
1.1.1 丰田生产体系 ... 1
1.1.2 煤矿精益生产 ... 6
1.2 精细化管理 ... 9
1.2.1 精细化管理内涵 ... 9
1.2.2 意义和作用 ... 11
1.3 煤矿精细化管理 ... 13
1.3.1 "五精"管理 ... 13
1.3.2 煤矿精细化管理实践 ... 15
1.3.3 煤矿精细化管理存在的问题 ... 19
1.4 精细化管理3F模式 ... 21
1.4.1 管理难题 ... 21
1.4.2 模式内涵 ... 23
1.4.3 模式特点 ... 25
1.4.4 管理提升 ... 27

第2章 3S精细化推进思想 ... 29
2.1 简单化管理 ... 29
2.1.1 三个简化 ... 31
2.1.2 三个管住 ... 35
2.2 标准化管理 ... 38
2.2.1 岗位标准 ... 39
2.2.2 目标标准 ... 40
2.2.3 流程标准 ... 41

2.3 流程化管理 ………………………………………………… 43
　　2.3.1 流程规划 ……………………………………………… 43
　　2.3.2 流程描述 ……………………………………………… 43
　　2.3.3 流程优化 ……………………………………………… 48

第3章 DOC 精细化管理方法

3.1 管理诊断"三步法" ………………………………………… 53
3.2 机制创新概述 ……………………………………………… 56
　　3.2.1 经营管理机制演变 …………………………………… 56
　　3.2.2 经营管理机制内涵 …………………………………… 57
　　3.2.3 陕北矿业管理要素 …………………………………… 58
3.3 机制创新体系 ……………………………………………… 62
　　3.3.1 机制创新"四步法" …………………………………… 62
　　3.3.2 创新图谱和路径 ……………………………………… 67
　　3.3.3 主要经营管理机制创新 ……………………………… 69
3.4 明确职责和权限 …………………………………………… 70

第4章 组织管理精细化

4.1 企业治理 …………………………………………………… 74
4.2 组织管理演变 ……………………………………………… 75
4.3 专业化运营 ………………………………………………… 78
4.4 "7定"法 …………………………………………………… 83
　　4.4.1 定岗、定编、定员 …………………………………… 83
　　4.4.2 定责和定任职资格 …………………………………… 84
　　4.4.3 定风险防范措施 ……………………………………… 86
　　4.4.4 定额 …………………………………………………… 87

第5章 合同和招投标管理

5.1 合同管理 …………………………………………………… 90
5.2 招投标管理 ………………………………………………… 92

第6章 人力资源管理变革

6.1 发展历程与体系形成 ……………………………………… 97
　　6.1.1 人力资源管理发展历程 ……………………………… 97

目录

  6.1.2 人力资源管理体系 …… 98
  6.1.3 人力资源管理变革 …… 99
 6.2 目标考核和薪酬管控 …… 101
 6.3 内部结构优化 …… 104
 6.4 企业平台化变革 …… 105
 6.5 服务精细化 …… 107

第7章 基本建设管理 …… 109
 7.1 日常管理规范化和程序化 …… 109
 7.2 标准管控到位 …… 110
 7.3 六位一体 …… 111

第8章 "三算一本"财务管理 …… 116
 8.1 全面预算管理 …… 116
 8.2 岗位价值核算 …… 117
  8.2.1 绩效考核体系 …… 118
  8.2.2 岗位价值核算体系 …… 120
  8.2.3 薪酬管理体系 …… 122
 8.3 内部市场结算 …… 122
 8.4 成本控制6策 …… 124

第9章 安全生产 …… 126
 9.1 组织机构和督导机制 …… 126
 9.2 质量标准化管理 …… 128
 9.3 安全生产精细化 …… 129
 9.4 区队安全管理 …… 131
 9.5 科技创新与安全生产 …… 132

第10章 精细企业文化建设 …… 136
 10.1 精细化文化建设方案 …… 136
  10.1.1 精细文化结构 …… 136
  10.1.2 建设原则和目标 …… 138
  10.1.3 精细化建设步骤 …… 138
 10.2 解放思想 …… 143

10.3 一切为了职工 …………………………………………………… 145
第11章 展望与思路 ………………………………………………… 149
11.1 形势与机遇 …………………………………………………… 149
11.2 转变与卓越 …………………………………………………… 151
　　11.2.1 转变经济发展方式 ……………………………………… 151
　　11.2.2 成就区域卓越能源企业 ………………………………… 152
11.3 发展思路 ……………………………………………………… 152
　　11.3.1 切实提高安全执行力 …………………………………… 152
　　11.3.2 保障企业可持续发展 …………………………………… 153
　　11.3.3 实现企业内涵式增长 …………………………………… 154
　　11.3.4 提升陕北矿业核心竞争力 ……………………………… 154
参考文献 …………………………………………………………… 156
附录　陕北矿业业务流程体系 ……………………………………… 157

第1章 精细化管理模式

"天下大事，必做于细。"实践证明，推行精细化管理，是煤炭企业突破管理"瓶颈"，提高管理水平、效率与效益的必由之路。精细化思想源于20世纪50年代初逐步完善形成的丰田精益生产管理。陕北矿业在已有煤炭企业精细化管理实践的基础上，结合企业的实际情况，着力解决精细化管理过程中存在的问题，构建了有效的精细化管理模式。

1.1 精益管理

1.1.1 丰田生产体系

丰田式生产管理（Toyota management），亦即丰田生产体系（Toyota Production System，TPS），是丰田公司的一种独具特色的现代化生产方式。追根溯源，丰田生产体系是美国企业管理理论与日本本土企业管理实践"嫁接"的产物。20世纪50年代初，朝鲜战争爆发，美军为了解决后勤军需问题，就近在日本下订单，采购军需品。但从朝鲜前线反馈回来的信息表明，从日本采购的电话机质量不稳定，问题较多。麦克阿瑟将军到日本企业去视察，发现日本企业完全是手工作坊式的装配，没有明确的分工和作业流程，更别提流水线作业了。于是，麦克阿瑟将军请美国国防部的军需官，为日本企业起草了MTP（中级管理技术）和JIS（基层督导员，相当于主任或班组长）两套培训教材。借助这两套教材，日本企业开始了从模仿生产外国产品到学习外国管理经验的转型过程，把美式管理中的技术内涵同日本文化相结合，从而诞生了TPS。

随着时代发展和市场的变化，企业只有有效地组织多品种、小批量生产，才可避免生产过剩所引起的设备、人员、库存、资金等一系列资源浪费问题，进而保持其竞争能力。TPS顺应了这种变化，从丰田英二开始，丰田公司用了20年时间，逐步形成和完善了丰田生产方式。关于丰田生产方式最权威的论述著作，就是大野耐一于1978年3月出版的《丰田生产方式——以非规模化经营为目标》和1982年出版的《大野耐一的现场经营》这两本书。丰田公司正是凭借丰田生产方式实现了问鼎世界汽车销售冠军的目标，据国外网站报道，2014年汽车品牌全球销量排行榜上，丰田以830.49万辆的销量排名第一。

随着日本汽车制造商大规模海外设厂，丰田生产方式传到了美国，并在成本、质量、产品多样性等方面取得了巨大效益。同时，丰田生产方式也经受住了准时供应和文化冲突的考验，更加验证了其适应性。这些都证明了丰田生产方式不是只适合于日本文化，而是普遍适用于各种文化、各种行业的先进生产方式。

为了揭示日本汽车工业成功之谜，1985年美国麻省理工学院筹资500万美元，成立了一个名叫"国际汽车计划（IMVP）"的研究项目，Daniel Roos为第一任主任。在该项目的资助下，Daniel Roos组织了53名专家和学者，用了5年时间对14个国家的近90个汽车装配厂进行实地考察，收集到了几百份不公开的简报和资料，并对西方的大量生产方式与日本的丰田生产方式进行了对比分析，完成了116篇专题报告。经过研究，国际汽车计划（IMVP）研究成员约翰·克拉夫奇克将这种综合了单件生产与大量生产优点的生产方式命名为Lean Production。

"消除一切浪费，力争尽善尽美"为Lean Production方式的精髓。Lean的原意之一为A organization that uses only as much money and as many people as it needs, so that nothing is wasted。因此，国内学者取"精"字来表达完美、精准和高品质，取"益"字来表达利益和利润增加，二者合在一起即有"精益求精"之意，在意思上较好地吻合了丰田生产方式的精髓，故把Lean Production译为精益生产。James P. Womack、Daniel T. Jones和Daniel Roos于1990年出版了《改变世界的机器》（The Machine that Changed the World）一书，分精益生产方式由来、要素和扩散三部分，系统地介绍了精益生产的原理和技术，并力图说明从大量生产方式转变到精益生产方式的必要性和可行性。

汽车最初是按单件生产方式进行生产的，汽车公司负责与顾客讨论确定汽车的详细规格、订购必要的零件并最后装配成品。在单件生产方式下，劳动力在设计、机械加工和装配方面都需要高度的技艺；汽车产量自然极低，成本也非常高。第一次世界大战后，美国的"汽车大王"亨利·福特开创了世界汽车制造业的新纪元，把欧洲领先了若干世纪的单件生产方式转变为大量生产方式。这是汽车发展史上的一次飞跃，它的进步在于：在汽车制造过程中，实行从产品、工艺到管理的标准化和专业化的转换；在设备和工具方面，采用移动式装配线组装汽车，采用高效的专用机床组成零件生产线，采用传送带、运输链输送汽车零件，节约了生产时间，极大地提高了生产效益；在组织结构上，追求纵向一体化，把与汽车制造有关的一切工作都归并到厂内自制。福特汽车这种生产方式最直接的效果就是大幅降低了汽车生产成本，使汽车变成了普通商品。

第二次世界大战结束以后，为了寻找日本汽车工业发展道路，丰田公司新一代领导人丰田英二在对世界上最大而且效率最高的汽车制造厂——福特公司鲁奇厂进行为期三个月"朝圣"般考察后，分析研究得出结论：大量生产方式不适用于日本。事实上，单纯仿效鲁奇厂并在此基础上改进是极为困难的。日本国内市场需要的汽车种类很复杂，加之日本本土的劳动力不愿意再被当作可变成本来对待或是被任意更换，企业只能采用生产所有从小到大、各个级别的轿车，并不断推出大量新车型的策略。时任丰田公司总工艺师的大野耐一很快认识到底特律的生产方式是不适用于这种策略的，必须走出一条新道路。

例如，从亨利·福特推出全钢车身的 A 型车以来，世界各地的车身制造都是先将大约 300 件钣金件从钢板上冲出来，然后把它们焊在一起成为一个车身。汽车制造厂有两种不同的方法来生产这些"冲压件"。一是少数单件生产方式的小厂，先从金属板（通常是铝板）上切下来，然后手工在模子上将这些毛样敲打成形；二是采用大量生产方式的汽车企业利用冲床和压床来完成。在大野耐一看来，第二种方法的问题在于，为了使经营合算，至少要达到一定的批量。西方庞大而昂贵的冲压设备，每年可生产同一种零件 100 万件，但是当时丰田公司全部产量不过每年几千辆。第二次世界大战后，汽车产量猛增，制造业者发现可以用一组压床来专门冲制某一特殊种类的零件，这样可以几个月，甚至几年不需要更换模具。西方汽车制造者习惯用几百台压床来制造轿车和货车车身的所有零件，然而大野耐一的资金只允许他用少数几条冲压线来生产整台汽车。因此，这两种方法都不适合丰田汽车。为了探索出新工艺，大野耐一从美国买来了一些旧压床，从20世纪40年代后期开始，就不断地进行试验，终于发明了快速换模技术方法，使得每件生产成本比大批量生产方式还要低。

丰田英二和大野耐一经过20多年的不懈努力，相继在以下几个方面进行创新和完善，逐步构建起了精益生产体系。第一，在生产制造过程中，实行拉动式准时生产，杜绝一切超前、超量制造；采用快速换模新技术，把单一品种生产线改成多品种混合生产线，把小批次大批量轮番生产改变为多批次小批量生产，最大限度地降低在制品储备，提高市场适应能力。第二，在生产组织结构和协作关系上，精益生产方式一反大量生产方式追求纵向一体化的做法，把70%左右的零部件的设计和制造委托给协作厂进行，主机厂只完成约占整车30%的设计和制造任务。丰田公司的协作单位都是独立的公司，账户完全分开，它们各自都是真正的利润中心，而不像许多纵向一体化大量生产方式那样，只是虚拟利润中心。利用"准时化生产"系统来安排零件在协作厂之间的流动进程。第三，在劳动力使用上强调"一专多能"，不断提高工作技能，并把工人组成作业小组，赋予相应的责任和权利。作业小组不仅完成生产任务，而且参与企业管理，从事各项生产管理改善活动。第四，在产品开发和生产准备工作上，克服了大量生产方式中由于分工过细所造成的信息传递慢、协调工作难、开发周期长等缺陷。第五，实行"主动营销"，其基本思想是把销售商也纳入生产体系中，销售商成为"看板生产"体系中的第一个环节，把顾客也吸进产品的开发过程中，从而在汽车总装厂、销售商和顾客之间建立起一个长远的甚至是终生的关系。

精益生产方式使日本在20世纪50年代才开始的汽车工业得以迅猛发展，经过30年的时间，日本于1980年取代美国成为世界汽车行业的领头羊。也正是从20世纪80年代开始，世界各汽车厂家认识了精益生产方式的优势，并掀起了一股变革其自身现有生产方式的热潮。近20年来，由于丰田生产方式在不断进化发展，丰田生产方式的研究热潮始终没有消退过，近年来又有增强趋势，并朝着深层次的、本质的和多领域的方向前进。目前，精益生产的工具主要有看板、目视管理、单件流、快速换模、价值流程图、全面生产性管理（Total productive management）等工具（见图1-1）。

第1章 精细化管理模式

```
                    公司整体性利润增加
         经济性          ↑          适应性
      消除浪费,降低成本    柔性生产提高竞争力
                       ↑
                    JIT生产方式
                       ↑
                    看板管理
                       ↑
              均衡化生产    良好的外部协作
                ↑
         质量保证  小批量生产  同步化生产
            ↑        ↑         ↑
   全面质量   低成本   设备的    设备的    标准作业
   管理防错   自动化   快速切换  合理布置   (SO)&(QS)
   体系      (LCIA)  (SMED)   (LAYOUT)  作业标准
                              ↑
                         多能工作人员
         全员参加的改善和合理化活动(IE)
         精益文化,精益培训,人力资源,5S
```

左侧:不断暴露问题,不断改善
右侧:尊重人性,发挥人的作用

图 1-1 精益生产技术体系

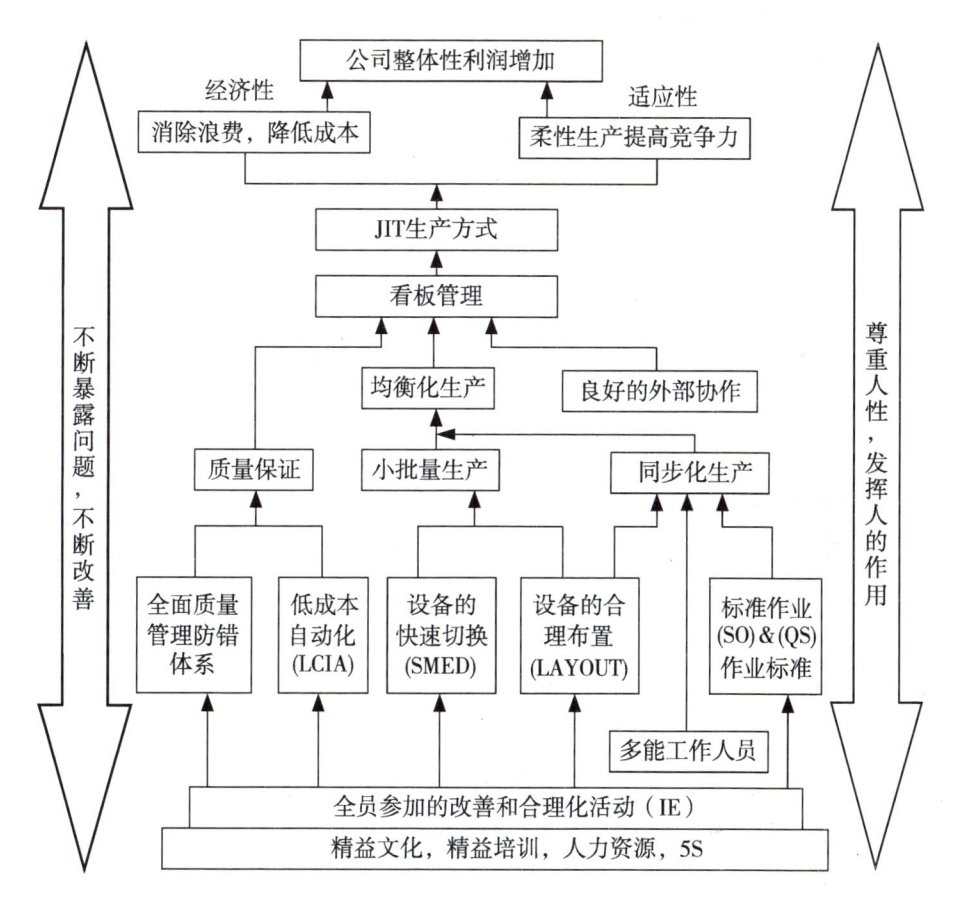

根据图 1-1,精益生产技术体系的基石为精益文化。精益文化需要全体员工以"转变观念、消除浪费、实行价值流管理、具有团队精神、实施现场管理"的"5S"管理条例为目标,同时坚持持续改进。全面质量管理和全面生产维护是精益生产的"两大支柱"。全面质量管理要求生产实现自动化,并且启动全面防错措施;全面生产维护要求设备随时保持有效运行。

精益生产在生产管理方法上实行拉动式(pull)准时化生产(Just in Time, JIT),以最终用户需求作为生产起点,拉动各工序供应链的准时化,生产中的计划与调度实质上由各个生产单元自主协调完成。精益生产的目标是精益求精、尽善尽美,永无止境地追求"零库存、高柔性、无缺陷"。

精益生产的子目标是"七个零",即多品种混流生产的"零"转产工时浪费、存货管理的"零"库存、全面成本控制的"零"浪费、高品质的"零"不良、提高运转率的"零"故障、快速反应的"零"停滞、安全第一的"零"灾害。

James P. Womack 和 Daniel T. Jones 于 1996 年发表了《精益思想》(*Lean Thinking*)一书,该书在《改变世界的机器》的基础上,更进一步集中、系统地阐述了精益管理的一系列原则和方法,使之更加理论化。精益思想是精益生产的核心思想,它包括精益生产、精益管理、精益设计和精益供应等一系列思想。精益思想可以概括为 5 个原则:精确地定义特定产品的价值;识别出每种产品的价值流;使价值不间断地流动;让客户从生产者方面拉动价值;永远追求尽善尽美。

James P. Womack 于 2007 年对精益管理思想做了更为系统的梳理,进一步指出对精益管理的关注不应仅仅停留在工具层面,为了更好地实现精益思想的价值,企业必须跨越精益思想而进入精益管理。精益管理就是企业以市场需求为依据,准时地组织各环节生产,一环拉动一环,消除生产过程中的一切浪费,从而最大限度地提高生产过程的有效性和经济性,尽善尽美地满足用户的需求。精益管理汲取了精益生产的精髓,涵盖了精益生产范畴。精益管理与精益生产不同的是,精益管理追求多方面的精益,寻求多种精益实现路径,实现多种精益效果。

在《精益思想》一书发表后,精益思想跨出了它的诞生地——制造业,作为一种普遍的管理哲学在各个行业得以传播和应用,先后出现了精益建筑(Lean construction)、精益服务(Lean services)、军事精益后勤(Lean logistics)及补给(Lean sustainment)和精益政府(Lean government)等概念,精益思想的应用取得了飞跃式发展。其中,煤矿精益生产就是近年来精益管理的一个重要应用。

1.1.2 煤矿精益生产

精益生产的概念于 20 世纪 90 年代初被引入我国,无论学者还是企业都非常重视精益生产方式。目前,我国汽车行业的主要企业基本上已经推行了精益生产管理模式。其中,中国第一汽车集团公司和上海汽车工业总公司就是成功应用精益生产的企业。中国第一汽车集团公司在实施精益生产的过程中，注重改进原有设备和技术。中国第一汽车集团公司变速箱厂实施精益生产两年后，设计能力由 6.8 万台/年增加到 12 万台/年，品种由 1 种基本型号发展为 26 种型号，在制品占用流动资金从 700 万元缩减到 350 万元，周转天数由 11 天下降为 5.5 天；生产工人比常规状态减少了近一半，变速箱单位成本降低了 140 元，设备故障停歇台时下降了 80%。上海汽车工业总公司从 1994 年开始推行精益生产方式，为了使集团各企业进一步熟悉和扎实推进精益生产，研究设计了内部精益管理业绩评价体系，要求所属各企业统一实施该评价体系。把彻底消除一切浪费的思想贯彻到整个企业经营管理中，从系统整合的高度，以国际最先进企业为样板，全方位、持续地推进精益改进。经过两年时间的推广，上海通用的年产量就超过了 11 万辆，实现了规模经济。

煤炭行业不同于汽车制造业的流水线作业，井下条件复杂多变。煤炭企业的特点决定了其具有一般企业生产管理特点的同时又有其独特性。煤炭企业与其他企业相比，具有许多以下不同之处。

（1）地下作业。煤炭企业是采掘工业的一个基层生产单位，大部分生产活动在地下进行。工人要同水、火、瓦斯、煤尘、岩石冒落等不利自然地质条件做斗争，劳动繁重，条件艰苦。因此，要求煤炭企业不仅要加强劳动保护、重视技术管理以保障煤矿工人的安全，还要不断提高煤矿技术装备水平和机械化程度，以减轻工人体力劳动时间，不断提高劳动生产率。

（2）客户导向型弱。煤炭企业的生产经营活动是以寻找适合不同地质条件的采煤方法为主要流程的。一般企业的流程是以市场、顾客为中心来开展生产经营活动的，一切业务流程的重心是围绕顾客需求而展开的。煤炭企业在满足顾客需求方面除了洗选加工时可以适当考虑客户需求外，基本上没有过多考虑用户需求。

（3）材料消耗不构成产品实体。煤炭是埋藏在地下的自然资源，煤炭生产过程中所需要的材料、设备等都不构成煤炭产品，即不构成产品的使用价值，但出于开采需要，生产过程中又不得不消耗材料并使用一些设备。

（4）煤炭生产具有大规模性。煤炭生产中的采掘和加工活动分别都是连续的生产工艺，因此，要求物料供应必须及时，以保证整个生产连续不断。

(5) 地质条件多变，管理工作复杂。由于种种条件限制，某些自然地质情况了解不够清楚时，往往根据初步探明的情况选定采掘方案，而按既定方案进行采掘工作时，地质情况往往会出现变化，不得不动态调整方案进而导致生产管理工作复杂化。

(6) 地下作业地点经常移动，准备工作繁重。煤炭生产的劳动对象是自然赋存的煤体或岩体，随着采掘工作的不断进行，要经常移动工作地点。因此，在进行采煤工作的同时，企业要做好新工作地点的生产准备工作。准备工作非常繁重，要求在企业内组织专门队伍，设置相应的开拓、掘进队伍进行生产准备工作，从而在很大程度上加大了煤炭生产的复杂性和繁重程度。

(7) 安全管理是重中之重。除了质量管理和财务管理以外，安全管理在煤炭企业具有特殊的意义。生产矿井由于受自然因素影响较大，工作环境艰苦，时刻存在着瓦斯、水、顶底板等安全隐患，威胁着员工的生命和正常的生产秩序。为此，安全管理不仅要贯穿于企业管理全过程，而且还要提到一个特别重要的位置。

尽管煤炭企业不同于汽车制造企业，但是精益思想仍然可以用于煤炭企业。第一，精益生产的核心在于人，在于充分发挥员工的主动性和创造性。在新形势下，煤炭企业只有确立员工在管理中的主导地位，真正实现全员自主管理，由制度管理过渡到自主管理，才能最大限度地发挥出员工的能动性和凝聚员工力量。第二，煤炭企业的煤炭生产过程是一个复杂系统，包括采、掘、机、运、通等环节，标准化作业是确保系统运行的关键所在。煤炭企业只有精细工作标准，提升工作境界，使员工操作精细化，事事按标准做，才能最大限度地发挥企业的各种潜能，实现煤矿的高产高效。第三，精细化管理是实现安全生产的必要手段。煤矿企业属高危行业，安全至关重要。在加大安全投入的同时，精细化管理是关键。推行精细化管理，就是要搭建起"抓细节、严过程、控动态"的精细安全管理平台，注重人、物、环境、管理的动态和谐，员工的不安全行为才会大大减少，"三违"现象才会得到有效控制，员工才能由"要我安全"变为"我要安全、我会安全、我能安全"，"零死亡"的安全目标才能实现。第四，煤炭市场已经演变为买方市场，煤炭生产企业必须根据顾客的需求及时提供产品，以市场为导向，彻底改变"重产量、轻质量"的经营管理理念，理顺企业物流体系，最大化降低库存，全面追求尽善尽美。

因此，精益管理作为一个完整的理论体系也适应煤炭生产企业。在此背景下，从20世纪90年代初开始，我国煤炭企业就开始逐步推行精益管理。煤炭企业迫切希望在精益思想的指导下，尽快使煤炭企业由粗放型管理向集约型管理迈进，解决"管理手段简单、管理形式粗放、管理层次多、有效性逐级衰退"的问题，真正改变煤炭企业的管理现状，提升煤炭企业核心竞争力，实现企业基业长青目标。

1.2 精细化管理

1.2.1 精细化管理内涵

随着管理理论和企业管理实务的发展，精益原理和方法逐渐被应用于各种场合和组织。"不断地减少管理所需资源和不断地降低管理成本，进而提高管理效益"逐渐成为基本的经营管理原则。如前所述，由于煤矿生产区别于一般制造企业，结合中国国情，煤炭企业把这种源于丰田汽车公司的管理方式，更加贴切地称为"精细化管理"。

2002年，曾在多家公司担任营销经理和营销培训师的汪中求先生，根据日常工作管理经验，出版了中国第一部有关企业精细化管理的著作——《细节决定成败》。自此，许多公司、企业都开始在内部实施精细化管理的实践探索。之后，新华出版社连续推出了汪中求等著的《精细化管理（全五册）》，❶ 则是为面临全球经济一体化压力、缺乏技术优势和资本优势的民营企业实现产业专业化、管理专业化、资本专业化，提出了一系列"精细化"发展路子。

范爱民编著的《精细化管理》，以精细化管理为中心，深入浅出地阐述了其在现代企业经营中的作用与地位，并且对企业如何真正地实行精细化管理做了详细的介绍；杨涓子编著的《丰田商学院：精细化管理的68个细节》，通过深入、详细地剖析丰田汽车的运作体系、产品开发、质量

---

❶ 汪中求著《精细化管理：精细化是未来十年的必经之路》、温德诚著《精细化管理Ⅱ：执行力升级计划》、孙念怀著《精细化管理Ⅲ：操作、方法与策略》、陶永进著《精细化管理Ⅳ：把小公司做强》和罗立著《精细化管理Ⅴ：赢在品牌》。

监控、产品销售等9大方面的68个细节，揭示丰田精细化管理模式，并详解如何将精细化管理应用于其他组织，用其改善从销售到生产、研发、营销、物流等作业流程，并建立起精细化管理的学习型组织；吕国荣、陈道芳、蒋如彬编著的《精细化管理的58个关键》，精选了精细化管理应用于执行力、信息化、员工素质培训、以差异开拓市场、追求零库存、产品质量"零缺陷"等方面的案例，并加以分析和研究，娓娓道出精细化管理的精髓。

对于精细化，人们常常将其解剖为"精"与"细"两个部分进行理解。比如，将其理解成精确、精干、仔细、细节。汪中求教授（2005）认为："我们是把精细化管理作为一种管理系统提出来的，我们设法使之与已知的一些科学管理理论进行对接，努力摆脱我们过去粗放的管理方式，试图给出一些基本规则和操作思路。精者，去粗也，不断提炼，精心筛选，从而找到解决问题的最佳方案；细者，入微也，究其根由，由粗及细，从而找到事物内在联系和规律性。也可以这么说，'细'是精细化的必经的途径，'精'是精细化的自然结果。"温德诚（2005）认为："精细化管理是以精细操作为基本特征，通过改造员工素质、克服惰性、控制企业滴漏、强化链接协作管理，从而提高企业整体效益的管理方法。"

例如，蜿蜒30多公里的南京明城墙，不仅是现存世界上最长的城墙，也是世界公认的保存最完整、最坚固的城墙。虽然历经600多年的风吹日晒，依然坚不可摧，其关键就在于"砖"。南京明城墙所用的砖，都是长江中下游附近的府、州、县烧制的。今天细心的游客还可发现一些砖上刻有斑驳的铭文，除有时间及府、州、县名外，还有监造官、烧窑匠、制砖人、提调官的名字。

城墙的坚固源于专注细节，企业管理也理应如此。精细化管理（Fine management）强调明确管理中的职责，充分做到管理责任的具体化、明确化，这样，促使每一个管理者在管理中都能够到位、尽职。每一项工作，一开始就把工作做到位、做好。精细化管理是一种管理理念和管理技术，通过规则的系统化和细化，运用程序化、标准化和数据化的手段，使组织管理各单元精确、高效、协同和持续运行。

精细化管理并不是烦琐管理、复杂管理，也不是"只见树木不见森林"，更不是"眉毛胡子一把抓"，精细化管理不在于简单地关注细节，片面地注重量化，而是要从系统的角度出发，抓住关键环节，这些关键环节要既能给客户带来价值，又能给企业带来效益。因此，"精"是经营管理的关键环节，"细"是关键环节的主要控制点。精细化管理就是要系统地解决企业经营管理过程中的关键环节，找到着力"点"，创新与这些关键环节相匹配的管理方法和手段，力求精益求精，做到极致和追求卓越，进而尽可能提高企业经济效益和提升企业核心竞争力。

因此，本书认为在精益思想指导下，只要能最大限度地减少管理所占用的资源和降低管理成本的管理手段和方法，就是精细化。煤矿精细化管理就是在精益思想的指导下，不断优化改进煤炭生产的价值增值过程，使各业务单位能自发地优化业务过程、提高生产效率和降低生产成本。煤矿精细化管理涵盖煤矿经营管理的各个方面，包括人力资源管理精细化、财务管理精细化、安全管理精细化、生产管理精细化等。

对于煤炭企业来讲，推行精细化管理，不能面面俱到，要抓住经营管理的关键环节和细化关键控制点，通过关键环节的精细化，起到示范和引领作用，进而改变员工的思维模式。在此基础上，强化经营管理机制的创新和精细文化的培育，实现企业经营管理行为的根本转变和经济效益的提升。

如何抓住经营管理的关键环节：一是系统思考；二是多元思维，多元思维就是在整体思考的基础上关注事物的各个方面，不能"只见树木，不见森林"，也不能"只见森林，不见树木"。如何细化关键控制点：一是横向细化，细化工作职责，形成工作细则；二是纵向细化，即流程的细化，细化工作标准，形成工作规范；三是衔接点细化，细化工作交接，细化横向协调工作；四是目标细化，即把纵向细化、横向细化、衔接点细化结合在一起形成业绩标准；五是考核细化。因此，"细"就是"抓职责、抓流程、抓衔接、抓目标、抓考核"。

1.2.2 意义和作用

近十年来，在经济发展和能源需求持续高速增长的带动下，全国煤炭消费量从2003年的16.9亿t增长到2012年的35.8亿t，全国原煤产量从2003年的16.8亿t增长到2012年的36.5亿t，煤炭价格一度持续增长。但是，大市场和高煤价也掩盖了很多管理问题。例如，管理制度缺乏和粗放；内部控制体系不健全和低效；流程繁杂和混乱；定额标准制定过于主观和随意；岗位职责不明确和重复设置；思想僵化和保守；盲目多元化，等等。自2012年以来，我国煤炭价格开始呈持续下降态势，秦皇岛山西优混煤5500Kcal平仓价格由865元/t下降到410元/t，跌幅接近60%（见图1-2）。根据国家统计局的数据，2014年，煤炭行业毛利率和利润率分别为16.8%和4.2%，降至10年以来的最低水平。

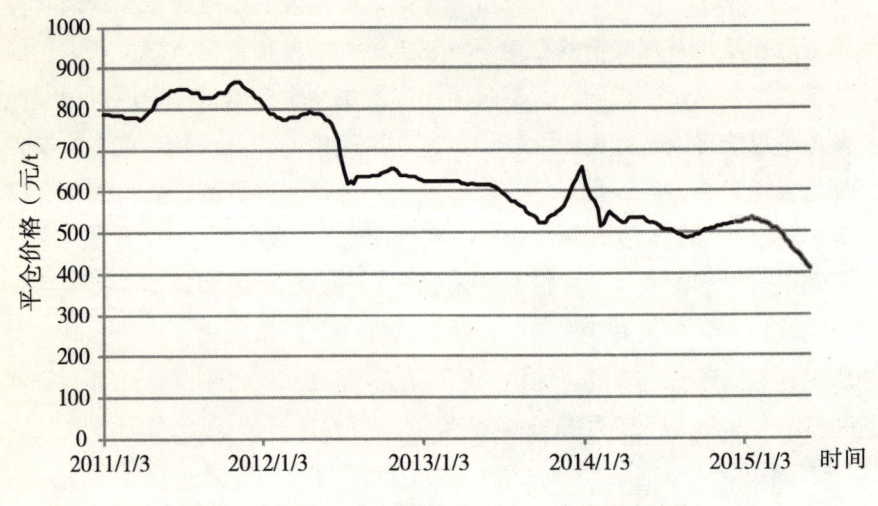

图1-2 皇岛山西优混煤5500Kcal大卡平仓价格

在煤炭企业利润水平回归合理的趋势下，煤炭企业急需提升管理水平来实现降本增效。如前所述，精细化管理是企业提升管理水平的有效方法。

总体说来，煤炭企业推行精细化管理具有以下作用。

（1）更利于进行安全管理。一方面，通过精细化管理，严格细化质量标准，建立"纵到底、横到边，事事有人管、人人有专责"的岗位标准和操作标准，能够使各项精细化管理措施渗透到每一个管理环节的"缝隙"，使得不同岗位的员工按照各自标准操作，减少了工作盲目性和随意性，避免了由盲目和随意造成的诸多安全隐患。另一方面，"隐患出于细微"，特别是煤炭企业，每一丝细微之处，都可能构成较大的安全威胁，而精细化管理则是通过对每个细小环节的管理，及时查堵漏洞、及时解决问题，从而把安全隐患消灭在萌芽状态，确保矿井安全运营。

(2) 可以实现煤炭企业高产高效。推行精细化管理是从全局角度出发，按照系统优化的总体思路，要求控制现场生产的每一道工序，为每一道工序制定标准并使每一道工序结果符合规定的标准。根据煤炭生产的产品质量、工程质量和安全质量的要求，采取科学、有效的手段，对生产过程中影响工序质量的人员、机器、材料、方法、环境等因素进行控制。通过对工序的研究，能够理顺生产过程中的关系，减少或取消多余的操作和动作，形成科学、规范、顺畅的生产流程，进而减少生产环节、提高工作效率。因此，精细化管理能减少各种资源的浪费，降低企业的生产运作成本，提高煤炭企业的效率和效益，实现煤炭企业的集约式发展。

(3) 利于以人为本的企业文化的培育。精益管理将员工的作用提高到最大化，尊重他们的劳动，并且给予他们适当的鼓励。通过强化班组管理，充分调动全体职工的积极性和聪明才智，把缺陷和浪费及时地消灭在每一个岗位上，按精细化要求，学标准、干标准活和超标准。这样实行精细化管理，就能把以人为本的思想渗透到管理工作的全过程，促使各级管理者把识人、用人放在管理工作的首位，进而形成尊重人、关心人、培养人的良好氛围，进而培育和形成以人文本的企业文化。

1.3 煤矿精细化管理

1.3.1 "五精"管理

中国煤炭职工思想政治工作研究会（1984年11月成立，1994年2月具备独立法人资格），简称中煤政研会。中煤政研会成立30年以来，先后完成《煤矿安全十二法》、以人为本的《"五精"管理》《创建文明煤矿的实践与思考》《安全生产现场巡查管理模式的探索》等20余项应用性课题研究成果，为政府决策和企业管理提供了有力的依据。通过召开12次企业文化现场推广会，培育和命名了12个企业文化示范基地，5个"五精"管理示范基地，123个企业文化示范矿，67个"五精"管理样板矿，24个企业文化品牌矿，24个企业文化建设优秀单位。其中，五精管理样板矿是中煤政研会为了推进我国煤炭企业的企业文化建设和管理进步，于2010年在全国煤炭工业领域里推出的一种荣誉称号。

从2003年年底到2005年5月，中煤政研会《以人为本的煤矿精细管理》课题组对精细化管理进行了广泛、深入的研究。经过全面的理论研究，经过11家企业的管理概况调查和万人问卷调查，经过对煤炭企业大量管理经验的概括总结，经过对国内外一些企业的管理模式的比较分析，特别是经过对近三年推行以人为本精细管理模式的各家煤炭企业实践经验的提炼整合，形成了以人为本的煤矿精细管理体系研究成果，即"五精"管理。

"五精"，即精细、精准、精确、精益和精美。五精管理，是由企业文化引领，从精细管理起步，逐步实现精准管理、精确管理、精益管理、精美管理，把管理科学、管理文化、管理艺术融为一体的人本卓越管理的系统修炼。

第一，企业文化是五精管理的导向引领。企业发展越大，就越需要企业文化的支撑，企业文化是大企业的核心竞争力。第二，五精管理是卓越管理。所谓卓越管理，是管理永无止境的登峰造极。五精管理由精细到精准、精确、精益、精美，就是一种渐次提升的卓越管理过程。第三，五精管理是系统修炼。循序渐进的五精管理，是步步走向高端的系统修炼。这种持续的系统修炼可以归纳为无缺陷、无边界、无极限的"三无"修炼。无缺陷修炼——一无缺漏，消灭盲目盲区；二无缺点，细节完美，消灭瑕疵；三无缺失，过程完善，流程顺畅；四无缺憾，追求尽善尽美。无边界修炼——集成汇总全部管理要素，整合链接无孤岛；调整顺畅所有管理细节，闭合贯通无间隙；化解消弭一切矛盾纠葛，和谐融合无异常。无极限修炼——永不满足，在现状中寻找差距，在顺境中充满危机感；永不停步，与时俱进不停歇，步步扎实步步高；永无止境，锦上添花。第四，五精管理是人本管理。五精管理在全部管理进程中，永远坚定不移地坚持以人为本的人本管理。五精管理的体系详见图1-3。

在推行五精管理过程中，中煤政研会《以人为本的煤矿精细管理》课题组首先在课题组成员单位中培育若干个企业文化示范矿，并在课题组成员单位中着手培育特色鲜明的"企业文化示范基地"。然后从成员单位中选择一些五精管理优秀煤矿，强化指导，培育出"五精管理示范矿"。

第1章 精细化管理模式

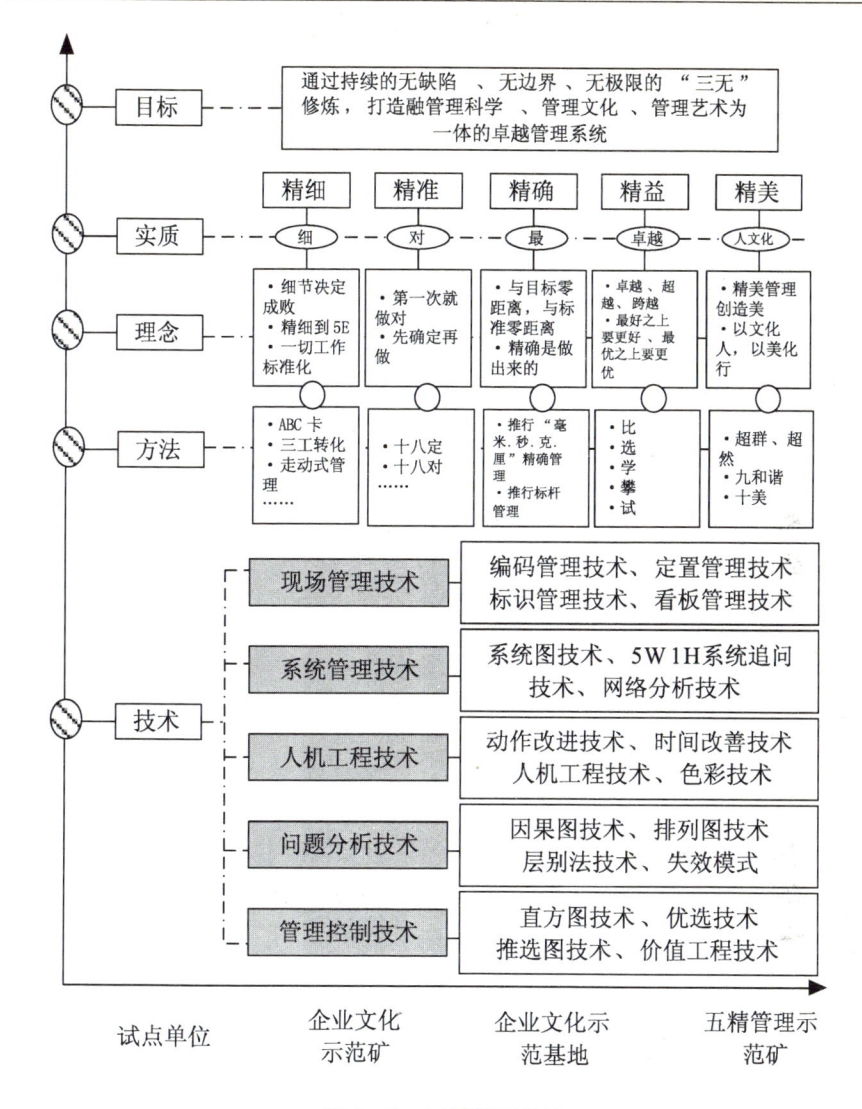

```
目标 ─── 通过持续的无缺陷、无边界、无极限的"三无"
         修炼，打造融管理科学、管理文化、管理艺术为
         一体的卓越管理系统

实质 ─── 精细    精准    精确    精益    精美
         细      对      最      卓越    人文化

理念 ─── ·细节决定  ·第一次就  ·与目标零  ·卓越、超  ·精美管理
          成败       做对       距离，与标  越、跨越    创造美
         ·精细到5E  ·先确定再   准零距离   ·最好之上  ·以文化
         ·一切工作   做        ·精确是做   要更好、最   人，以美化
          标准化              出来的      优之上要更   行
                                         优

方法 ─── ·ABC卡   ·十八定   ·推行"毫   ·比       ·超群、超
         ·三工转化 ·十八对    米.秒.克.   ·选         然
         ·走动式管  ……      厘"精确管   ·学       ·九和谐
          理                  理        ·攀       ·十美
                             ·推行标杆   ·试
                              管理

         ┌─ 现场管理技术 ── 编码管理技术、定置管理技术
         │                  标识管理技术、看板管理技术
         │
         ├─ 系统管理技术 ── 系统图技术、5W1H系统追问
         │                  技术、网络分析技术
         │
技术 ────┼─ 人机工程技术 ── 动作改进技术、时间改善技术
         │                  人机工程技术、色彩技术
         │
         ├─ 问题分析技术 ── 因果图技术、排列图技术
         │                  层别法技术、失效模式
         │
         └─ 管理控制技术 ── 直方图技术、优选技术
                           推选图技术、价值工程技术

         试点单位   企业文化   企业文化示  五精管理示
                    示范矿     范基地      范矿
```

图1-3 五精管理体系

注：上图根据一些煤矿的五精管理培训讲义和网络材料整理所得。

1.3.2 煤矿精细化管理实践

皖北煤电集团V管理：V管理是作业增值（Value-added operation）和流程增值（Value-added process）的合意。作业和流程是煤矿最主要的生产活动（管理活动的两大因素）。作业包括增值作业和非增值作业，流程包括增值流程和非增值流程；作业增值和流程增值是煤矿企业实现价值增值

的主要通道。煤矿V管理的内涵是,以"持续改进"的精益思想为核心,以煤矿为主体,以班队为基石,以作业过程控制促进作业增值,以业务流程优化促进流程增值,实现企业价值最大化。它是精细化管理在煤矿企业运用的拓展和创新。煤矿V管理主要由管理思想、目标、主体(基石)、两大支柱、三个支持系统等要素构成。管理思想即精益思想,宗旨是杜绝浪费,永远追求效率;灵魂是持续改进,不断创新。目标是实现价值增值,提升企业核心竞争力。V管理的实施主体是煤矿,班队是实施V管理的基石和基础。两大支柱,即作业过程控制和业务流程优化。三个支持系统,即企业文化建塑、人力资源管理和信息化建设。

山东莱芜煤矿机械有限公司的"精、准、严、细、实、恒"。发挥市场与技术的交互作用;在求新求异中求胜;完善质量管理体系;完善发挥人才价值的精细机制。

开滦集团的"RMDC"管理模式。实行生产要素的市场化配置;实现工序、岗位的流程化考核;建立以价格体系为主导的内部市场运行机制;建立信息化系统,实现管理的公开透明。

河南省义马煤业集团公司杨村煤矿的"五精"管理,即精细经营管理、精准安全管理、精确质量管理、精益生产管理、精美人本管理。精细经营管理包括实行预算管理的"三级网络审批"(本单位主管—分管矿领导—矿长)和发挥"三个中心"作用(调度室、企管科、财务科),实现精细管理面面俱到。精准安全管理是在安全管理过程中,以安全文化为引领,以人为轴心,对管理对象、管理流程、管理机制等管理要素实施精致且正确地确定、确认和准确管控,最大限度地提高命中率和正确度的科学管理系统。精确质量管理是以追求工程质量"上乘"为目标,精确掌控管理操作点和重要环节。精益生产管理是在安全生产管理中,无边界地优化资源配置。精美人本管理是以企业文化为主导,把文化分为"静文化"和"动文化"两种,"静文化"包括物及环境,"动文化"主要是指人。"静文化"主要是通过环境变化影响人;"动文化"则是通过活动实施改变人。在"静文化"方面杨村煤矿对井上井下环境进行美化刷新,形成"千米知识窗、万米文化廊";在"动文化"方面,杨村煤矿实行准军事化管理,提升企业整体执行力。

鲁泰煤业公司的走动式管理、ABC三卡闭环考核、4E标准体系等,

第 1 章 精细化管理模式

能够使管理细化到每个人、每件事、每一天、每一处，形成了人人有标准、事事有标准、时时有标准、处处有标准的标准化管理格局。一方面，通过精细化管理，严格细化质量标准，建立"纵到底、横到边，事事有人管、人人有专责"的岗位标准和操作标准，能够使各项精细化的管理渗透到每一个管理环节的"缝隙"，使不同岗位的员工按照各自标准操作，减少了工作盲目性和随意性，避免了盲目和随意造成的诸多安全隐患；另一方面，通过对每个细小环节的管理，及时查堵漏洞、及时解决问题，大到一条巷道，小到一颗螺丝、一根锚杆，都要根据标准要求，进行严格管理，把安全隐患消灭在萌芽状态，确保实现矿井的长治久安。

神华宁煤集团精细化管理"六精五细七化"。"六精"是指：一是战略上精华。在战略制定上抓大放小，关键是定方向、定目标，并做到精准和动态优化，体现"精"在决策和做正确的事；二是业务上精通。通过各种渠道和方式把管理人员、操作人员培养成为本专业、本领域的行家里手，对业务不仅懂更要专，做到技术精湛；三是经营上精明。经营上做到精打细算，有精明的经营之道，将精细化延伸到管理的细枝末节、点点滴滴；四是管理/执行上精心。管理人员在执行中沉下身子，正确地做事，做到精益求精。操作人员操作中精确地做事，做到精雕细刻，认真仔细；五是预算上精准。严格按程序编制、审核、执行预算，对预算执行做到心中有数；六是产品出精品。包括工作质量、产品质量、服务质量都要是精品，要体现出神华宁煤"争创一流"的行为文化。"五细"是指：一是细化目标。从"三年滚动规划""年度全面预算"到"年度战略实施计划"的各项指标，包括产量、质量、成本、市场、客户、价格等设置都要符合 SMART 原则并要细化分解；二是细控成本费用。所有成本费用分解到不能分解为止，并在执行中分析控制，按月、季度考核激励；三是细化责任。明确责任链和执行链，各单位结合实际建立了精细化管理的"4E"体系，将管理者、管理职能和执行职能分开，消除了推诿扯皮，提高了执行效率；四是细分工作项目、任务和计划。根据神华宁煤集团各管理层次确定的年度、季度、月度甚至周、日计划，明确各项任务、措施的进度、节点；五是细化考核。需要考核的必须考核，但考核要体现关键，形成基于战略的传导性绩效考核与细化的目标、成本、责任、任务等相对应。"七化"是指：一是量化。对"四位一体"测算、年度战略实施计划、成本及定额标准，都要量化，并做到时间、空间、责任人"三分解"；二是流程化。优化流程，使之易于操作、利于衔接，全程检查、监控和考评；三是标准化。根据公司精细化管理的要求，对事、人、物分别制定管理标准、工作标准、技术标准；四是协同化。管理者、执行者之间要有效沟通、协作，使执行畅通无阻；五是严格化。令行禁止，激励有据，严不可犯，赏罚分明，提高执行力；六是实证化。以事实为依据，强调日常数据及事实的收集，对照绩效标准，检测执行效果，检测规划、计划的质量；七是信息化。信息化是精细化的支撑，只有实现了信息化才能确保精细化工作的有效执行。

南梁煤矿的精益管理模式主要包含两个目标：一是拒绝浪费，达到"零浪费"的目标。要达到"零浪费"，就要以"持续改进"的精益思想为核心。南梁矿业建设了基于新七个"零"目标的"RIMCPBP"矿井，即"零"转产工时浪费（products，多品种混流生产）、"零"库存（inventory，消减库存）、"零"浪费（cost，全面成本控制）、"零"不良（quality，高品质）、"零"故障（maintenance，提高运转率）、"零"停滞（delivery，快速反应、短交期）和"零"灾害（safety，安全第一）。二是实现价值增值，包含作业增值和流程增值两个方面。作业和流程是煤矿最主要的生产活动（管理活动的两大因素），具体见图1-4。

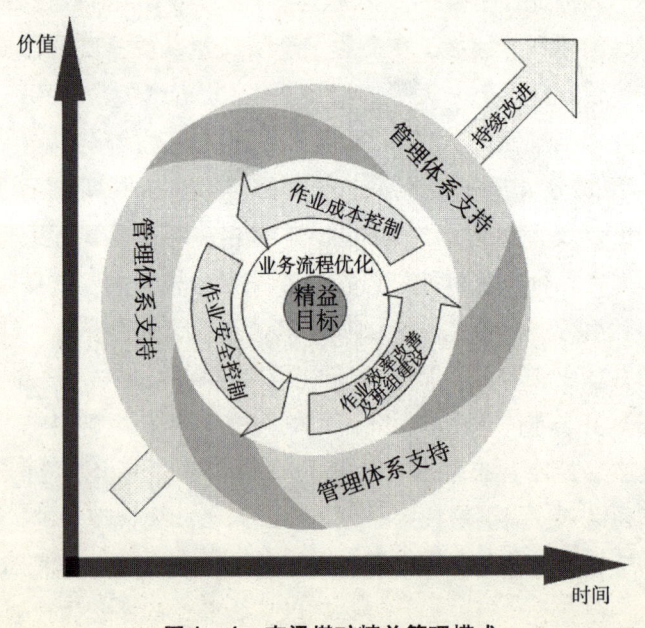

图1-4　南梁煤矿精益管理模式

陕煤黄陵矿业公司的"五精"管理法，即精细、精准、精确、精益、精美。陕煤黄陵矿业公司通过加强岗位精细化管理和生产过程规范化、标准化及信息化管理，使得每个岗位、每项流程都与绩效考核挂钩，有效解决了国有企业的绩效考核和分配问题，最大限度地调动了职工的积极性，推动了企业管理的升级，实现了经济效益和职工收入快速增长。2011年10月15日，国家能源局在陕煤黄陵矿业公司召开了煤炭企业精细化管理研讨会，来自神华神东公司、中煤能源、平煤集团、陕西煤化集团等全国14家重点煤炭企业的负责人参与了该研讨会。

1.3.3 煤矿精细化管理存在的问题

我国煤炭企业自推行精细化管理以来，在消除生产全过程中不产生附加价值的劳动和资源方面，以及提高企业经济效益方面取得了良好效果，增强了煤炭企业适应市场变化的能力，但也存在以下五个方面的问题。

（1）过多地纠缠于"精细"两字的字面含义，太多关注"五精管理""六精五细七化""精品工程"等，而忽视精细化管理的内涵。

由于精细管理产生于准时生产，其所采用的拉式生产系统和看板管理方法，只适合于机械、电子等需求导向型企业，对煤炭企业的借鉴意义有限。并且，精细化管理并没有普遍适用的方法。一些企业把精细化管理解释成一点一滴的更精、更细，甚至把精细化管理概括成若干个"精"加若干个"细"，对作为系统工程的管理进行肢解，头痛医头，脚痛医脚，最终"按下葫芦起了瓢"。企业在推行精细化管理时，都是依照精益管理"零浪费"的管理思想，结合自身特点，探索出适合自身要求的管理方法。比如，海尔的OEC管理法、大庆油田第八采油厂的"三精四细"管理法、邯钢的成本管理法等。事实上，只要能最大限度地减少管理所占用的资源和降低管理成本的管理手段和方法，就是精细化。而不一定要运用"零库存""看板""5S""内部市场""内部控制"等精益生产工具和技术。

（2）忽视了机制创新这一核心问题，机制创新是精细化管理的"魂"，没有机制创新保障，任何精细化管理手段都是短暂的。

任何一项管理模式和方法的顺利实施和持续改进，都离不开经营管理机制的保障。良好的机制，可以约束和规范员工和管理者的行为，并且在工作过程中，可以有效地提高效率，减少时间和管理成本的支出。机制实际上就是各要素的联系和作用方式，经营管理机制必须做到"破"和"立"，一方面改革现行阻碍企业效益提升的方式和方法；另一方面要大胆创新，利用精益思想，理顺企业运营管理各部门的衔接方式，确保精准和高效。

（3）侧重于煤炭生产环节，常常花大力气实现各种"精品工程"，形式主义严重。

一是一些煤炭企业认为只要煤炭生产精细化了，企业也就自然精细化了，所以把主要财力和人力都放到了安全生产上。殊不知，煤炭企业精细化是一个整体，没有机制的保障和精细文化的跟进，企业的精细化只是在做"表面文章"。二是形式主义严重，一些煤炭企业先是成立精细化领导机构，然后就是大张旗鼓地宣传，如内刊、墙报、宣传栏、领导讲话等，有的还以"精细化管理年"的方式强调；但对精细化管理是什么、怎么办才能精细化语焉不详，很少讨论具体的方法、工具、切入点、计划进度等。三是认为精细化就是"美化工程"，搞好巷道美化、工作面工厂化、员工军事化等就是搞精细化管理，一些煤矿甚至在井下进行"巷道水池养鱼""巷道贴瓷砖"等，实际上与精益思想背道而驰。

（4）把精细化管理片面化。

一是把精细化管理等同于基础管理、基层管理、文化管理等活动，认为搞好"工作分析、流程描述和制度梳理"就是精细化；二是把精细化管理活动仅限于企业的基层单位，其实企业所有层面的管理活动，包括战略管理、职能管理、流程管理等都存在精细化的问题，事实上某些高层管理的精细化活动成效可能远比基层单位的精细化活动成效明显；三是认为精细化管理就是细节管理，职责细化、流程细化、控制细化、制度细化、行为细化，等等。

（5）忽视了精细文化的创新和落地，忽视企业文化建设对精细化管理的固化和提升作用。

一方面，精细化管理是以人为本的管理，强调员工的协作精神、创新精神和主观能动性。因此，在企业文化建设中，必须导入以人为本的企业文化。这就要求企业必须在企业理念、企业价值观和员工行为等方面进行创新。另一方面，也要确保精细文化的落地。文化落地是指通过一定的工具、途径或方法，将精细文化植入人心和落实到企业经营管理中，并切实转化为广大员工和企业的行为，以使其自觉主动地去创造优秀绩效、优美环境和维护企业形象、促进企业目标的实现。精细文化落地是一项系统性的工程，需要大量人力、物力、精力的投入和稳步、有序、长期地推进实施，才能使其内化于心、固化于制、外化于行、美化于物。

因此，煤炭企业要想继续念好"精细化管理"这本经，就必须对精细化管理的路径、内涵、方法进行创新，紧扣"最大限度地减少管理所占用的资源和降低管理成本"这一精益管理思想，从经营机制转变上寻找突破口，创新精细化管理方法和载体，系统地构建煤炭企业精细化管理体系，重塑基于精细化管理的企业文化。

1.4 精细化管理 3F 模式

1.4.1 管理难题

陕北矿业经过多年的不懈奋斗，产业规模不断扩大，经济实力大幅提升，对外影响力不断增强。在新形势下，如何确保既定目标如期实现，如何进一步增强公司的发展后劲，在竞争激烈的市场经济中走得更长远，避免"温水煮青蛙"，乃至如何牢牢竖起陕北矿业这杆旗，是全体员工一直在深思的问题。事实证明，"提升管理水平，强化执行力，是增强公司发展后劲的唯一出路""企业要发展，就必须向管理要效益，实现降本增效""评价一个企业不仅要看这个企业占有的资源有多少、资金有多么雄厚、技术有多么先进，更重要的是要看这个企业的管理模式怎么样""事关陕北矿业长远发展的核心仍是管理、卓越的管理、一流的管理，如果管理水平上不去，既有的资源也可能会失去，公司的这块牌子恐怕都会保不住"。

作为具有部队优良作风的现代化大型煤炭企业，陕北矿业在管理上不断进行创新，积极破解经营管理中的各种难题。特别是 2009 年以来，在精细化管理指导下，陕北矿业各项管理工作创新力度空前加大，企业管理方式和方法都得以脱胎换骨。但陕北矿业的前身毕竟属于军队所办矿井，一方面部队的优良作风对陕北矿业的发展起到了关键作用，但是另一方面其经营管理机制也相当落后，基本上不适合市场经济，企业整体上还存在以下五个方面的主要问题。

一是企业员工对危机认识还不够到位，市场变化带来的压力还没有有效传导给各岗位员工。虽然近年来公司在各个方面，特别是企业文化和员工素质方面取得了非常大的进步，但是整体上"等、靠、要思想严重""相信煤炭行业黄金十年还会再来""主动性不够强""经营管理理念落后"等员工思想状态并没有得到有效的改进。员工普遍认为经营压力是领导操心的事情。陕北矿业还没有把目标成本落实到岗位上，把压力传导到员工身上。

二是"公平性"问题没有从根本上得以解决，岗位薪酬确定还缺乏科学依据。尽管陕北矿业在公司机关层面建立起了动态目标绩效考核体系，但是在基层特别是区队层面员工考核还缺乏科学合理的评估方法，导致评优、提干和转正等环节人为主观性太强，这在很大程度上影响了基层员工的积极性。多年来，煤炭行业受煤炭价格高涨的影响，员工薪酬自然是水涨船高，调薪的基础基本上取决于外部环境和同行的水平，基本上还没有建立起以"按岗位价值"为基础的薪酬体系。

三是降本增效没有实现落地。随着市场经济的日益发展，特别是过去几年是煤炭价格一路高涨的时期，企业根本没有认识到降本增效的价值。最近两三年，一方面生产成本日益增大，各种客观增支因素不断增加；另一方面企业内部还存在生产过程成本控制弱、员工成本意识淡薄、成本管理粗放、责任不清、铺张浪费的问题。成本管理没有落实到岗位，经营压力和市场压力没有传递给每个岗位员工，没有把员工的责权利统一起来，没有把员工当成企业的经营主体来看待，成本高低与员工无关。由于没有较好地解决生产岗位材料消耗与自身收入挂钩的关系，生产单位还是一味地看重产量。

四是公司执行力缺乏。执行力是企业竞争力的一个象征，有执行力的企业在竞争中才能受到客户的喜爱，从而实现企业的利益。没有相应的管理制度、工作流程，或出台的制度、流程不够严谨，过于烦琐，不利于执行。这些都是造成执行力不强的原因，许多好的管理想法和措施还停留在领导层面或者制度层面。这主要源于公司员工主动性不强、相应管理素质及能力缺乏、考核机制不健全和内在驱动力不足。

五是中层管理人员素质及能力有待提高。中层管理人员是一个企业的"腰"，特别是像陕北矿业这样的公司，中层管理人员的素质及能力往往决定着企业的发展壮大。目前，中层管理人员主要存在以下问题：①履行职责不到位,"差不多"就行了,没有精益求精的思想;②权力和职责失衡,一些岗位存在"权力过度",而相应的职责却单一;③在工作中不从企业利益出发,在程序和内容上打折扣,留"接口"和"后门",为自己谋利益;④工作中管理者还存在不敢负责、不敢处理、不敢创新等现象。

1.4.2 模式内涵

模式即"模型、模范、样式",是对现实事物内在机制和事物之间直观的、简洁的描述,能够向人们表明事物结构或过程的主要组成部分和相互联系。管理模式是企业在较长实践过程中逐步形成并在一定时期内基本固定不变的管理制度、规章、程序、结构和方法,是管理方法思路性的、框架性的高度概括。恰当的管理模式既是企业的核心竞争力,又是确保企业可持续发展的主要驱动力。

煤炭企业经营管理是一个极为复杂、充满高度不确定性的系统工程。在我国,煤炭企业作为传统能源企业,也经历了由传统经验式管理向现代科学管理、由技术本位向管理为重、由资源为主向以人为本的转变。整体上,煤炭企业管理模式经历了三个发展阶段:第一阶段,在传统高度集中计划经济体制下,煤炭企业管理基本目标是完成上级下达的生产计划,衡量企业效益的主要指标是产值;第二阶段,在有计划商品经济阶段,管理方式变为生产经营型,这是煤炭企业管理模式的第一次飞跃;第三阶段,在社会主义市场经济体制下,煤炭企业成为自主经营的实体,决定了煤炭企业管理必须从生产经营导向转为利润导向,实现了煤炭企业管理模式导向的第二次飞跃。

当前,煤炭行业正经历着第四阶段,在环境和社会责任约束下,煤炭企业的管理模式必须实现经济效益、环境保护和社会责任的高度统一。过去那种粗放式经营管理已经严重制约了企业的发展,不变必将被淘汰。

在利润导向模式的指引下,煤炭企业生产经营的主要目标是追求短期盈利和职工福利增长。为此,不少煤矿拼设备,不注重更新改造,生产中"吃肥丢瘦",并以少提或不提折旧的方法降低成本、虚增盈利。另外,还存在单纯追求煤炭开采量而不考虑生态环境保护;过分注重劳动生产率而忽视劳企关系的改善问题,等等。这些问题无不与把利润最大化作为管理的唯一目标有直接关系。

随着世界经济形势和竞争规则的不断改变，以及能源市场的高度不确定性，煤炭企业必将面临更加激烈的市场竞争，只有不断创新管理制度、规章、程序、结构和方法，打造科学、高效和柔性的管理模式，才能不断提高企业运作效率和经济效益，才能立于不败之地。

2009年以来，陕北矿业针对企业经营管理上存在的问题，在精益思想的指导下，积极转变经营管理机制，在生产、安全、财务、营销、人力资源等方面，多层次、多系统、多平台、多方法、多工具地进行整合与集成管理创新，形成了以机制创新为核心的、以安全生产精细化（Safety & production Fine）、职能管理精细化（Functional management Fine）和精细文化建设（Cultural Fine）为主线的煤炭企业精细化管理"3F"模式，具体见图1-5。

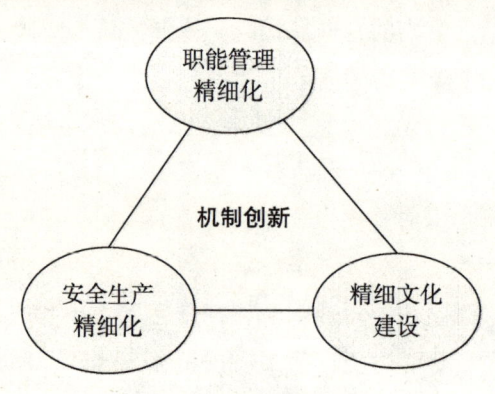

图1-5　煤炭企业精细化管理"3F"模式

精细化管理并没有普遍适用的方法，各企业在推行精细化管理时，都是依照精益化管理"零浪费"的管理思想，结合自身特点，探索出适合自身要求的管理方法。比如海尔的OEC管理法、大庆油田第八采油厂的"三精四细"管理法、邯钢的成本管理法等。陕北矿业针对现行精细化管理存在的问题，大胆创新，狠抓落实，紧扣精细思想，不拘于精益管理具体方式和方法。煤炭企业精细化管理"3F"模式主要由"一个目标、四条路径、一个中心、三种推进思想、一种方法、三条主线"构成。

一个目标，即确保企业实现可持续发展。

四条路径，即强管理、降成本、提效益和应市场。

强管理。过去，煤炭企业整体上管理粗放和浪费严重。陕北矿业从2009年以来，始终把管理放在首位，形成了如下共识："提升管理水平，强化执行力,是增强公司发展后劲的唯一出路""评价一个企业不仅要看这个企业占有的资源有多少、资金有多么雄厚、技术有多么先进,更重要的是要看这个企业的管理模式怎么样""事关陕北矿业长远发展的核心仍是管理、卓越的管理、一流的管理,如果管理水平上不去,既有的资源也可能会失去,公司的这块牌子恐怕都会保不住"。在如何强管理方面,陕北矿业贯彻简单化原理,紧扣招投标、合同、基本建设、支架大修等管理薄弱环节,精确定位和不断创新方式方法。

降成本。降低成本是煤炭企业应对激烈市场竞争的根本出路。陕北矿业先后建立起《资金预算管理办法》《重大成本(支出)管理办法》等制度,通过全面预算实现了事前、事中和事后的全过程控制。采取技术创新驱动策略,对生产矿井的采煤工艺和方法进行攻关,不断降低原煤生产成本。精细化各种管理费用支出,建立费用承包机制,多渠道地节省费用。

提效益。强化市场销售管理,规范了销售管理部门职责、权限和流程。密切关注市场行情变化,开拓了多条销售途径。严控煤炭质量,制定了煤炭质量管理办法和激励考核办法。

应市场。一是积极主动与陕西煤化集团进行联系,最大限度地享受有关优惠政策;二是多管齐下,广开思路,拓宽销售渠道,及时掌握矿区周边、陕北地区市场变化,敏锐捕捉动态信息,在争取大客户的同时,也要加大小用户的发掘;三是认真研究用户群特点,区别对待,建立较为稳固的销售网络;四是要认真研究兰炭、电石市场形势和需求,开发与建立稳固的销售渠道。

一个中心,即机制创新,形成了"人才强企、人员开发、薪酬激励、绩效目标考核和主动学习"五大经营管理机制。通过机制创新实现了"四个转变"(由被动服从向主动参与转变,由"等靠要"向"争抢挣"转变,由"低要求"向"高标准"转变,由外在物质激励向内在自我激励转变)。

三种推进思想,即简单化原理、标准管控和流程化管理。

一种方法,即"DOC"〔诊断识别(diagnosis),运营机制转变(operation mechanism transformation),明确职责、权限、流程和标准(clear responsibility, authority, process and standard)〕,也就是"一诊断、一转变、四明确"。

三条主线,即职能管理精细化、安全生产精细化和精细文化建设。

1.4.3 模式特点

第一,实现了螺旋式的持续改进。

陕北矿业"3F"精细化管理,"精"是突出经营管理的关键环节,"细"是突出关键环节的主要控制点。首先,必须做到"管用",制定的流程和标准一定要控制好关键环节的关键控制点,做到降本增效。其次,把安全、生产、技术、经营、财务、人力资源、基本建设、科技创新、市场营销、党群组宣等企业经营管理的各个方面分为职能管理精细化和安全生产精细化,这样的好处在于职能管理部门和下属生产矿井同步推进精细化管理,并相互促进。最后,方法必须体现先进性,紧扣了当前经营管理的热点和难点,在集团公司和区域煤炭企业中具有示范性。

精细化管理必须是持续改进的,陕北矿业的实践表明其过程也是一个不断优化的过程,不是一蹴而就的,是一个"螺旋"动态上升过程(见图1-6)。"螺旋"是受DNA分子结构启发演化而成的,煤炭企业"3F"精细化管理推进过程中,瞄准精细化管理目标和围绕机制创新,完成安全生产精细化、职能管理精细化和精细文化建设。

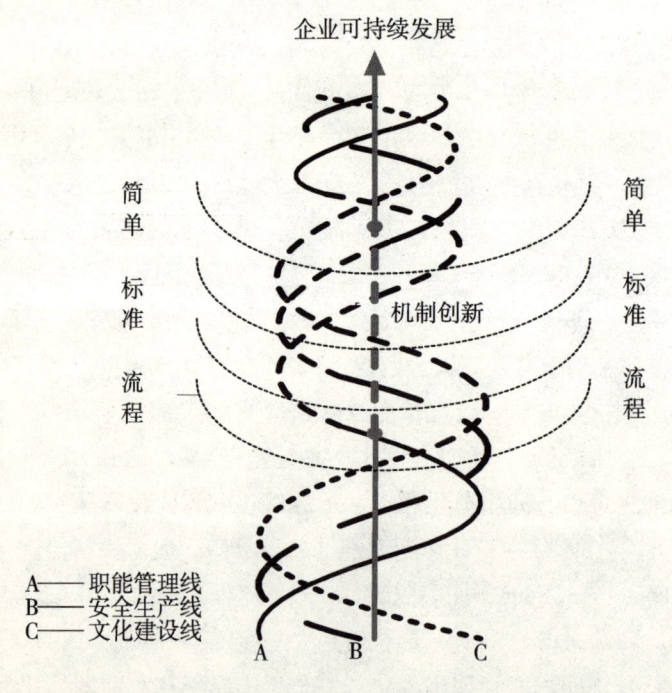

图1-6 煤炭企业3F精细化管理的"螺旋"推进

"三线"跟随"一轴"发展,可能紧密结合,也可能偏离,必须有一种力量,来引导"三线"的发展,这种力量就是"简单化和标准管控"精细化管理理念，让"简单化和标准管控"作为一种精细化管理"磁场"式驱动力，确保精细化活动始终不偏离其目标。

"三线"相互缠绕、交织，螺旋攀升，互为补充，拧成一股绳，成为内在、统一的一个整体，在"机制创新"的牵引下、激励下、约束下，全面提升陕北矿业管理水平，最大可能地实现企业的各项目标。在实际中，职能管理精细化和安全生产精细化成果在得到实践认可后，会形成相应的精细化管理理念，并通过管理制度和业务流程加以固化和提升。

第二，实现了"职能管理精细化—安全生产精细化—精细文化建设"的动态匹配。

精细文化建设也在一套整体建设方案下稳步推进，推进过程也及时地对职能管理精细化和安全生产精细化管理工作加以引导，三者在方法上、内容上及进度上实现了平行作业。在实际效果上，陕北矿业这种精细化管理"动态匹配"模式节约了时间和提高了效率，也实现了精细化管理由"管理者推动"到"员工自觉行动"的转变（见图1-7）。

职能管理精细化	生产管理精细化	精细文化建设
● 组织管理精细化 ● 合同管理精细化 ● 招投标管理精细化 ● 基本建设管理精细化 ● 机电物资管理精细化 ● 财务管理精细化 ……	● 健全精细化管理组织机构和督导机制 ● 着力打造"1112"精品工程 ● 开展了"七步法"班 ● 开展"双述"活动 ……	● 精细文化方案 ● 精细管理理念 ● 精细化管理制度（形成多个相关管理标准） ……

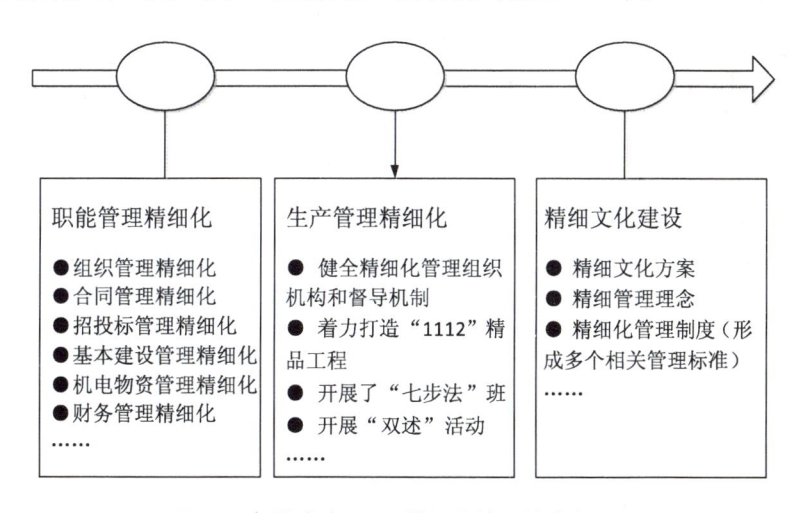

图1-7　煤炭企业3F精细化管理的动态匹配

1.4.4　管理提升

煤炭企业"3F"精细化管理的"形"就是整合各种已有的和结合自身实际情况创造的精细化管理方法。"神"就是最大限度地减少管理所占用的资源和降低管理成本。"魂"就是改变企业的运行机制，通过机制创新从根本上改变企业和员工的行为,从机制上保障企业最大限度地减少管理所占用的资源和降低管理成本,确保企业健康和高效发展的长效态势。

煤炭企业精细化管理"3F"模式不再拘泥于如何"精"和如何"细",而是立足于经营管理机制这一核心问题,彻底贯彻精益思想,沿着"问题诊断—机制转变—明确职责和权限—简化流程—确立标准—制度创新—文化建设"这一独特路径,采取集成创新和自主创新双轮驱动模式,系统整合各种先进的管理方法和手段,全方位地构建精细化管理体系,在公司职能部门和生产经营单位同步推进,从整体上实现职责精细化、权限精细化、流程精细化、标准精细化和文化精细化的"五统一"整体闭环管理。

陕北矿业精细化管理过程经历了一个循序渐进和持续改进的过程,具体见图1-8。

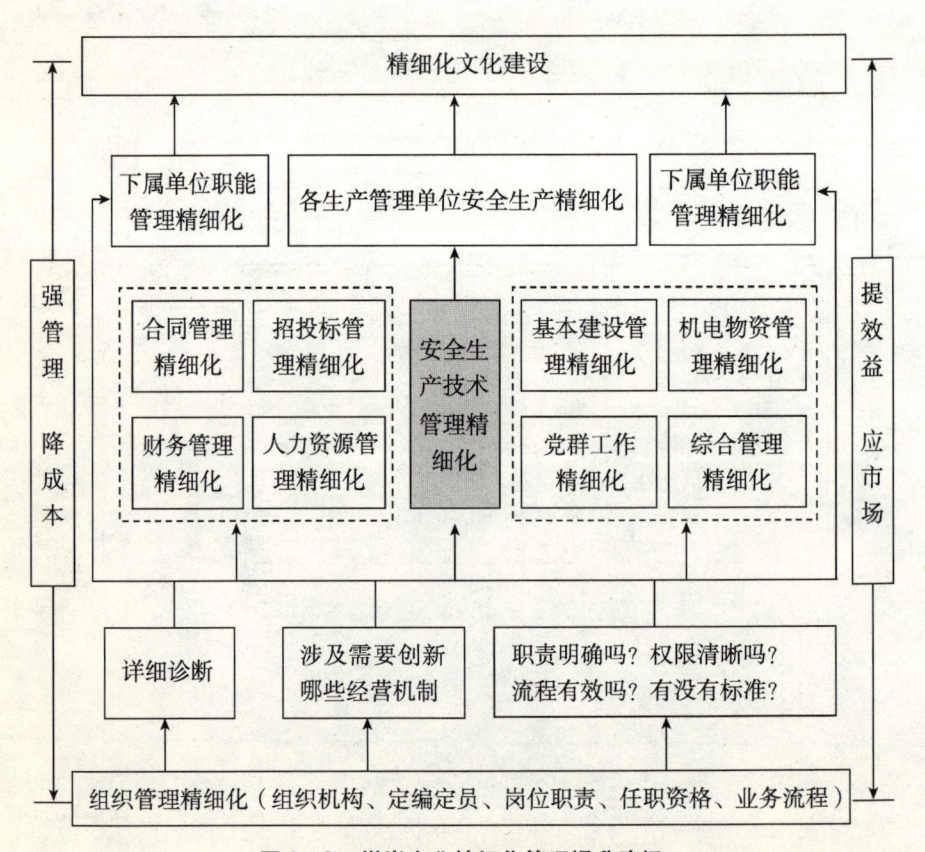

图1-8 煤炭企业精细化管理提升路经

第 2 章　3S 精细化推进思想

任何管理方法的推进，必须确立其推进的思想认识。陕北矿业根据精细化管理内涵，确立了由简单化管理、标准化管理和流程化管理构成的精细化管理推进思想。简单化管理（simplification），就是做到"三简化"（简化制度、简化流程和简化层次）；标准化管理（standardization），就是做到"五个标准管控"（岗位标准、目标标准、作业标准、技术标准和管理标准）；流程化管理（streamline），就是做到"流程管理四步法"（科学规划、规范流程、制定流程标准和动态优化）。

2.1　简单化管理

两千多年前，苏格拉底站在熙熙攘攘的雅典集市上感叹："这里有很多东西是我不需要的。"现如今，很多企业管理与雅典集市何其相似，企业管理存在很多没有价值的东西，并且往往就是这些"很多东西"削弱了管理效能。组织机构不断膨胀，人员越来越臃肿，制度越来越烦琐，程序越来越冗余，制度文件越来越多，这让企业工作人员感到越来越迷茫，效率自然也就越来越差。

事实上，所有复杂组织都存在资源浪费和效率低下的问题，特别是大型企业，它们没有专注应该关注的事情，充斥着大量无意义、不能带来生产力的工作。这种现象，对于煤炭企业也不例外。长期以来，我国煤炭企业管理粗放，分析其原因，一是受制于由于煤炭地下赋存条件而导致的开采复杂性、多变性、困难性、高危性等特性的影响；二是受制于煤炭开采技术装备水平比较滞后的影响；三是在煤炭行业"黄金十年"期间，不断走高的煤炭价格掩盖了管理上存在的许多问题。

在粗放式管理下，企业变成许多相互对抗力量博弈的产物。这种对抗，是由许多琐碎的、不重要的势力，共同对抗少数重要的势力。这些琐碎、不重要的势力代表着企业的惰性。平庸的人和平庸的企业都喜欢把简单问题复杂化，因为复杂化给企业蒙上"灰色"，为惰性行为搭建了舞台。优秀管理者都奉行简单至上的原则，简单便于分析和决策，孕育着效率。苏格拉底的例子告诉我们：复杂往往造成浪费，高效来自简洁，所有企业都拥有简化工作、取消无价值流程的巨大潜力，都可以让简单化管理成为一种企业生产力。

和其他许多企业一样，随着企业的不断壮大，陕北矿业的管理变得越来越复杂，流程也变得越来越烦琐。这在很大程度上损耗了企业的效率，造成了巨大的浪费。

例如，陕北矿业原来的合同审批流程主要采用"会签形式主义式"（见图2-1）。

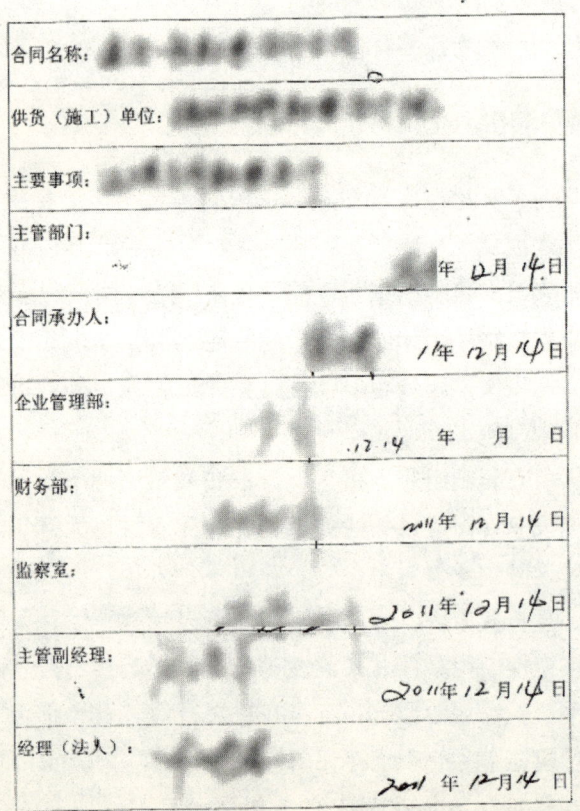

图2-1 合同会审单

根据图 2-1，合同的经办部门拿到对方的合同文本或自己起草了合同之后，将草稿拿去跟财务部、企业管理部等有关部门和公司领导沟通，然后吸收部门和有关领导的意见，修改合同。修改好后，又拿去给有关部门过目，获得有关部门和领导的认可。有关部门和领导认可后，经办部门这才填好会签表，给有关部门和领导签名。表面上这种方式能有效防范合同风险。但是，却存在以下几个方面的问题：一是合同审批周期长，加之韩家湾煤矿、大哈拉煤矿等二级生产单位离榆林市较远，单单是某个部门领导签字这一环节就需要两周的时间，这样平均一个合同的审批没有一两个月完成不了。二是审批环节增设的部门往往只起到"签字"的作用，却没有起到管理监督的作用。在审批环节没有详细分析合同风险的管控点，只是多让几个部门签字，实际上是责任不清，谁都不想负责的表现。

针对这些问题，陕北矿业推行了"简单化管理"。"简单化管理"就是紧扣"管用"这一核心，制定的各项措施符合实际情况，简单易行，抓住要害和精准到位（体现为管理提升是抓住薄弱环节和突出问题，而不是"全面开花"），能用一句话说清楚的绝不用一页纸。简单化管理不是单纯的"少"，而是"管用"和"可操作"。简单化管理的实质是在掌控了事物本质的基础上，以效率和效果为出发点，追求用最简洁、最直接、最有效的方式解决管理问题。

陕北矿业推行的"简单化管理"，实现了"三个简化"（简化制度、简化流程、简化层次）和"三个管住"（管住职责分工、管理关键环节、管住成本费用）。

2.1.1 三个简化

简化制度。为何所有的企业都在实行制度化管理，效果却差异较大。墨菲定律说："把事情变复杂很简单，把事情变简单却很复杂。""上面千条线，下面一根针"，制度要讲求简单实用，否则基层管理者将无从下手。例如，陕北矿业原来的《基本建设管理制度》尽管详细，但执行起来却存在诸多不明确的地方（见表 2-1）。

表2-1 原《基本建设管理办法》存在的问题及分析

原《基本建设管理办法》	存在的问题及分析
概况 分7章共26条	含计划的申报、审批，方案的审定和工程设计，招投标与合同管理，工程管理工程，竣工验收等，全面但重点不突出，没有抓住重点
第三章 方案的审定和工程设计关于方案的审批 第六条 基本建设项目的设计方案委托有资质的咨询公司审查，总工程师审批 第七条 单项工程的设计方案由基建部组织相关部门审查，总工程师审批	从方案编制到审定，缺乏专人负责和反复推敲。往往方案还不成熟，就匆匆忙忙上会，参加会议的人多数会前对方案不了解，会上无法表态。有些人碍于情面，不愿意提不同意见。有些项目的方案甚至是施工单位从自身利益出发编制的
第八条 单位工程造价在300万元以上，由基建部审批；300万元以内的单位工程及分部、分项工程由建设单位审批	存在两个问题，一是权力过于下沉，不利于企业整体控制工程规模；二是审批权限没有进一步得以明确
第十条 工程设计由建设单位根据审查意见委托并签订合同	含混不清
第十一条 方案审查和图纸会审要有会议纪要，因方案审查和图纸会审不认真给公司造成损失的，要追究相关人员的责任	规定过于主观，什么是"不认真"，以及"追究什么样的责任"，缺乏相关制度"接口"，导致该制度缺乏可操作性
第四章 招投标与合同管理	企业有《招投标管理办法》，没有必要再行规定
第五章 工程管理 按开工报告审批、工程进度管理、工程质量管理、安全管理、信息管理和造价管理进行规定	该部分尽管很全面，严格按工程管理的环节和步骤进行规定，但是却对公司存在"三无工程"、职责权限不明确、预算管理薄弱、工程变更随意等属于陕北矿业的"个性问题"缺乏针对性

第 2 章　3S 精细化推进思想

续表

原《基本建设管理办法》	存在的问题及分析
第二十一条　造价管理 （一）定额及取费标准 (1) 定额执行：定额选用由基建部根据国家有关规定确定。工程预算以清单计价为主，20 万元以下的小型工程可采用定额计价。矿建及设备安装工程执行 2007 煤炭定额及其配套的取费文件和计算规则；土建及园林绿化工程执行 2009《陕西省建设工程工程量清单计价规则》《陕西省建设工程工程量清单计价费率》《陕西省建筑、装饰、安装、市政、园林绿化工程价目表》《陕西省建设工程施工机械台班价目表》及 2004 年《陕西省建设工程消耗量定额》，若有变动，公司另行确定。 (2) 所有工程预决算不计取定额测定费用和劳保统筹，两项费用由建设单位统筹统缴。	(1) 没有给出具体的定额选用标准，例如土建、园林绿化工程的标准是什么，修缮项目的标准是什么，井巷及设备安装工程的标准是什么都没有明确规定。 (2) 主材价格与调整范围没有明确规定。 (3) 原制度中的"施工单位向建设单位递交的预结算必须全面真实。若核减价超过所报的预结算价的 10%，核减费（核减价的 5%）由施工单位承担，并在工程款中扣除"，在实践中不具有操作性。 总之，这部分管理制度简单是简单了，却不"管用"，没有抓住关键。
（二）预算管理 (1) 公司矿、土、安工程预算由基建部负责审批。金额较大、工艺复杂的工程预算由基建部委托有相应资质的造价公司审核。 (2) 单位工程造价在 10 万元（含 10 万元）以上的预算要报基建部审批；费用低于 10 万元的小型工程，由各单位自行审查。公司基建部抽审	(1) 没有明确预算管理权限。 (2) 没有明确预算员的职责，过去把预算员都当作内业人员。甚至预算员也认为预算应该坐在办公室编，工程量照图计算，子目和取费照定额套，材差按信息价计，不需要再费什么心。 (3) "各单位自行审查"和"公司基建部抽审"的规定是导致企业项目管理混乱的重要原因

2013年，基建部根据简单化管理原理，分别制定了《基本建设管理补充规定办法》《工程预算审批管理办法》《井巷工程风、水管路施工管理办法》《工程预算定额选用管理办法》。例如，新制定的关于工程的管理办法，具体如下所述。

第三条　公司规范建设程序，杜绝"三无"工程

各单位要严格遵守集团公司及陕北矿业公司的基本建设管理程序，严禁无计划、无资金、无合同工程开工。否则，财务部不予安排资金计划，公司对建设单位（公司所属单位及控股单位的统称，以下同）的责任人进行问责。项目实施流程见附录。

第四条　公司明确职责权限，强化预算管理

（一）公司基建部负责全公司的预算管理。

（二）定额选用、取费标准、执行文件及主材价格由基建部统一负责并报公司班子会研究确定，任何单位和个人不得随意调整。

（三）项目实施方案确定后，建设单位要根据审定的方案和设计编制预算。造价在20万元以内的预算，建设单位内部审定，报公司基建部备案；超过20万元的预算须报基建部审核。上报预算一式两份，含电子版。

（四）建设单位没有能力编审的预算由公司基建部统一委托造价事务所编审，并负责费用结算，建设单位不得自行委托。新开大型基建项目，预算编审费由建设单位支付，其余专项及自筹资金项目的工程预算编审费由公司统一支付。

（五）造价事务所由公司通过相关程序选定，造价服务合同由基建部审核，公司法律事务室审定。

第五条　加强投资控制，严格工程变更签证管理

（一）所有工程变更必须按程序审批，涉及结构和工艺的变更须经设计院审批，建设单位同意后方可实施。变更签证当月必须审批备案，最晚次月要履行手续，否则变更无效。

（二）小于5万元的单项变更由建设单位、监理单位签字后实施。大于5万元的单项变更报基建部组织相关部门审查同意后方可实施。所有工程变更与现场签证，必须按程序办理，要建立台账，每一项变更签证都要说明变更产生的原因、背景、时间、工程部位、提出单位及参与审核人员。对于工程变更与现场签证应进行一单一算，及时确认工程量和造价，

避免结算时相互推诿扯皮。竣工结算时审定的变更造价与合同价汇总作为工程结算价。基建部要对变更签证随时抽查,发现问题及时纠正,必要时建议有关部门对责任人予以处罚。

……

简化内容。新办法,一是大大简化了管理制度的内容,把通用的、共性的、常识性的内容直接拿掉;二是在简化的同时,对关键性的控制环节进行了细化和制定了相应的控制标准;三是对于已有的国家和行业相关规定,以及企业相关规章制度,新办法直接给出制度衔接"接口",进而避免了管理制度"大而全"却不切中要害的弊端。

简化流程。流程的繁杂会带来管理低效。2013年以来,陕北矿业对企业管理流程进行了重新设计和梳理,明确了各个节点的管理要求和标准。这部分内容将在流程化管理中进一步阐述。

简化层次。第一,对管理层次进行简化,实现了组织机构的扁平化。组建了以掘进、联采、机电安装、搬运为主要服务功能的生产服务分公司,成立了物资供应中心,各二级单位不再设立类似的物资供应机构。第二,对人员进行了简化,尽量减少机关职能部门科室人员配置,充实基层单位人员数量。第三,简化管理权责体系层次,避免权力过于下沉带来的管理失控行为,将权力进一步向上集中。

2.1.2 三个管住

管住职责分工。首先明确了各职能部门的职责,然后针对每一个岗位进行了工作分析,建立起相应的岗位任职条件(文化程度、任职资格、实践经验、应具备的知识和能力)、岗位职责(岗位工作范围、岗位工作内容、岗位工作标准、岗位主要工作程序/流程、岗位工作易出现的偏差/失误及防范措施)、工作思路与承诺和岗位价值提升措施。例如,安全监督管理部副经理的职责分工,具体如下所述。

一、岗位名称

安全监督管理部副经理。

二、直接上级

安全监督管理部经理。

三、岗位工作理念

以认真、用心、负责的工作态度，严谨务实的工作作风，预防为主、安全为先的理念，不断拓宽安全管理思路，搞好安全管理工作，促进企业安全发展、和谐发展。

四、岗位任职条件

安全管理人员必须具备中专或以上安全生产等相关专业学历；了解国家有关安全生产规章制度，熟悉《安全生产法》《矿山安全法》《煤矿安全监察条例》《煤矿安全规程》等法律法规；熟悉本岗位规章制度，熟悉掌握本岗位的业务技能；能够了解和掌握国家、企业安全管理的方针、政策，协调解决公司内部安全管理问题，协助部门经理实现公司年度和长远安全管理目标。

五、岗位职责

（一）岗位工作范围

本岗位主要协助部门经理负责公司内部各单位的日常安全管理工作。

（二）岗位工作内容

1. 认真学习贯彻国家、省、集团公司及公司的安全生产法律、法规、规定、标准、规范及制度等，坚决执行"安全第一，预防为主，综合治理"的工作方针，牢固树立"不安全，不生产"的安全生产理念，突出以预防各类事故为中心，全面抓好各项安全工作。

2. 严格履行本岗位安全生产责任制，出色完成公司内部考核目标工作。

3. 协助处理好公司安全检查（包括安全基础管理、安全生产精细化管理、安全隐患排查、应急管理等各种安全综合检查和专项检查），按有关规定，整理报送相关资料，做好上传下达。

4. 做好部门内务管理（包括上级安全文件的落实，上报相关材料、安全活动奖励发放及各类总结等）。

5. 协助对安全管理方面新设备、新材料、新工艺的引进和推广应用进行监督检查。

6. 协助对从事安全管理相关人员的培训工作进行监督管理。

7. 负责对涉及执行安全强制性标准的设备、材料计划进行审核管理。

（三）岗位工作标准

1. 服从公司、公司主管安全的上级领导，协助部门经理做好公司安全管理工作。

2. 严格遵守党和国家、省、集团公司、煤业股份公司的各项规章制度，履行好自己的安全管理职责。

3. 对自己主管的工作尽心、尽力、尽责，确保公司的各项安全管理工作有序开展。

4. 能定期向有关领导汇报公司安全管理工作的开展情况，并提出有利于公司安全管理方面的合理化建议和意见，努力实现公司安全管理目标。

六、岗位主要工作程序（流程）

……

七、工作中易出现的偏差（失误）及防范措施

1. 对上级的要求理解不到位，导致工作出错，影响工作效率。

防范措施：不断加强安全知识学习，对领导布置的工作任务进行周密的思考，对不理解、有困难的问题要主动与有关领导沟通，对已经下达的工作任务要及时进行检查落实。

2. 由于工作思路及工作方法不正确，导致失误。

防范措施：安排布置工作时应考虑周全，并制订详细、合理的工作计划。经常与同事、相关部门和领导沟通，耐心听取同事、相关部门和领导的建议和意见，有条不紊地推进各项安全管理工作。

……

八、工作思路与承诺

……

九、岗位价值提升措施

以积极主动的态度，勇于承担责任，对于分给自己的工作，把它当作一件快乐的事情来做，注重细节，追求完美，全力以赴地完成。把敬业当成一种习惯，热爱工作，追求卓越。

管住关键环节。"管住"体现在关键环节上把好关，不留"活口"。例如，陕北矿业针对基本建设环节工程变更随意和不规范的问题，重新规定如下。

第七条　加强工程款支付及工程结算管理

（一）施工单位月底根据完成工作量编制进度款支付申请，监理单位

审批后报建设单位。月进度款由建设单位根据施工单位所报的申请从质量、进度、安全方面进行检查验收审批，公司不参与月度验收，只参与季度验收，并对该季度完成情况进行核实确认。

（二）工程进度款支付由建设单位自己审核，不得外委。

（三）新建大型项目的竣工结算按规定委托社会中介机构编制审核。

（四）专项及自筹资金项目的竣工结算一律由建设单位自行编制，公司基建部、规划部和审计室负责监管审批。

管住成本费用。一是在全公司范围施行全面预算管理，严格按预算进行费用开支。二是对重大成本支出项目按照编制计划、项目申报、审批、监督检查和考核的程序强化管理。三是实行岗位价值核算，导入"省下来的就是挣的"成本经营理念，并与个人收入挂钩。

2.2 标准化管理

所谓标准，是指依据科学技术和实践经验的综合成果，在协商的基础上，对经济、技术和管理等活动中，具有多样性的、相关特性征的重复事物，以特定的程序和形式颁发的统一规定。标准可分为技术标准和管理标准两大类。标准化是制度化的最高形式，可运用到生产、开发设计、管理等方面，是一种非常有效的工作方法。作为一个企业能不能在市场竞争中取胜，决定着企业的生死存亡。企业的标准化工作能不能在市场竞争中发挥作用，决定着标准化在企业中的地位和存在价值。

企业标准化管理体系涉及企业管理制度的方方面面，其中包括职业素质标准、岗位职责标准、岗位考评标准、企业全面形象管理、组织管理、行政后勤保障管理、人力资源管理、生产管理、技术研发管理、设备管理、质量管理、财务管理、物控管理、营销管理、经济合同管理、管理案例等方面，是企业管理运行较为完备的制度体系，能为企业步入良性发展轨道奠定坚实的基础。

经过多年的发展，陕北矿业的标准化管理仍然存在以下问题：一是标准化管理多种模式缺乏有效整合，即没有找准有效整合的路径。例如，安全有安全管理标准，生产工艺和技术有相应的标准，定额有定额管理标准等。由于管理体系众多，每一种模式都需要一个支撑体系，需要不同管理部门组织实施。搭载的平台各不相同，文件数量激增，体系之间也难免因缺乏统一策划和协调，出现重复建设、管理职能交叉、接口不明确等问题，从而削弱了标准化管理的功效。二是企业下属二级单位标准化建设水平不均衡。在建立起标准化管理体系之后，企业内的一些单位有可能逐步减弱了标准化工作力度，或者对标准化建设工作在认识上存在偏差，造成不同单位在标准化制度编写、修订、推进方面，水平参差不齐。三是标准化组织体系尚不完善，管理职能发挥得还不够。部分二级单位标准化组织体系相对薄弱或尚不完善，也造成了对标准化管理职能的削弱，影响企业管理水平提升。

针对上述问题，陕北矿业标准化管理坚持"五标准管控"，即岗位标准、目标标准、作业标准、技术标准和管理标准。以岗位标准建立为突破口，全面开展岗位描述工作，通过岗位描述要求员工掌握本岗位应知的职责和工作标准，以及应会的规范操作流程，从而提升员工的操作技能；与此同时，规范管理，明确岗位职责，进一步落实工作责任，提高了员工的工作效率。在企业年度经营管理目标的基础上，通过目标分解，形成各个部门和二级生产经营单位的目标标准。在安全生产上，狠抓作业标准和技术标准体系。结合流程化管理，建立起主要业务的管理标准，详细规定每个节点的管理要求。

2.2.1 岗位标准

在全公司范围内，建立了"纵到底、横到边，事事有人管、人人有专责"的岗位标准和操作标准，能够使各项精细化的管理渗透到每一个管理环节的"缝隙"，使得不同岗位的员工按照各自标准操作，减少了工作的盲目性和随意性，避免了盲目和随意造成的诸多安全隐患。例如，财务资产部经理的岗位标准和操作标准，具体如下所述。

一、财务资产部经理岗位工作标准

1. 在工作中严格执行《中华人民共和国会计法》《企业会计准则》，陕煤集团及陕西煤业股份公司财务规定及公司内部财务制度，确保各项工作合法合规。

2. 合理调剂、统筹安排资金，保证生产经营正常周转，降低财务风险。

3. 搞好会计核算，提供真实、准确、及时的会计信息。

4. 坚持原则，按程序办事，维护企业利益，确保资产安全。

二、财务资产部经理岗位主要程序

（一）年度财务预算编审程序

本岗位安排本部门人员编制初稿—和各相关职能部室广泛交流—和二级单位进行深入交流—根据交流意见修改初稿—报主管领导审批—报总经理办公会审核（或职代会审议）—表决通过后执行。

（二）年度资金计划编审程序

本岗位根据公司年度发展规划测算资金需求计划—制订年度筹（融）资计划—上报主管领导或总经理办公会审议—审议通过后组织实施。

（三）对超预算的费用支出、突发性费用支出、计划外工程或超计划资金支付审核、控制程序

事件发生时接到支出申请—及时向主管领导汇报—同时与相关部室进行充分沟通—收到领导审批意见—在合理、合规、合法的前提下对事件进行处理。

（四）完成领导交办事项工作程序

交办事项—本岗位组织与安排—工作过程中沟通协调—工作结果汇报。

2.2.2 目标标准

除了年初给经营管理部门和单位下达目标责任外，还针对每个岗位下达月度工作计划目标，以此作为月度考核标准。例如，人力资源部门2014年10月对每个岗位下达的计划标准，具体如下所述。

一、×××10月工作计划

1. 工资考评会材料准备（10月10日前）；

2. 给各二级单位出具结算单（考评会结束后出具）；

3. 完善机关工资各项台账（10月20日前）；

4. 一期决算各二级单位汇报资料、数据、分析的统计、核实（10月25日前）；

5. 检查各单位带薪年休假落实情况及后续安排（10月15日前）；

6. 一期决算工资分析（10月25日前）；

7. 处理OA文件、社保个税扣缴（日常工作）。

二、××10月工作计划

1. 各单位人员增减核对（10月28日前）；

2. 完成人员统计的台账（10月28日前）；

3. 人事调配工作（日常工作）；

4. 机关劳务工8月考勤与考核报韩家湾（10月10日前）；

5. 帮助×××完成劳资快报、劳资报表人事部分的填报（10月10日前）；

6. 完成10月工作总结及11月工作安排（10月28日前）；

7. 报企管部考核项目完成情况自查报告（10月28日前）；

8. 做好职业生涯规划设计的准备工作（10月30日前）；

9. 完成2015年人事任免审批表的填写（10月10日前）；

10. 完成企业优秀人才论文（10月15日前）；

11. 完成职称评聘相关工作（10月30日前）；

12. 审查各单位7月新招录人员劳动合同的签订情况（10月30日前）；

13. 完成各单位部分不在岗人员的清理（10月30日前）；

14. 处理OA文件、机关出勤情况汇总（日常工作）；

15. 考虑完善往年干部任免审批表等档案资料；

16. 完成领导交办的其他工作。

……

2.2.3 流程标准

根据部门职责和岗位职责，制定了关键效率控制标准。采取"跳起即可摘桃"原则，通过业务流程实现员工的自动激励，这也是陕北矿业基础管理上的薄弱环节。明确各项相应的工作要求，包括工作时限、工作成果、工作表现等内容，实现"说到能做到，做到能看到"。例如，生产计划管理业务流程控制标准（见表2-2）。

表2-2 生产计划管理业务流程控制标准

流程阶段	节点	工作依据、工作内容	要求	记录、报告或其他	时限
主要指标的确定	D2 D3	工作依据			
		下发生产接续安排会议文件	每年的8月底前	文件	8月底
		工作内容			
		由生产技术部组织下属各生产单位负责人召开年度生产计划会，根据公司发展战略和经营计划规定的经营目标，确定本年度的主要生产指标	每年的9~10月，各生产单位根据公司明年的总体安排确定明年的生产任务	会议记录	10月底前
		报主管副总审定，并提出相关意见和建议			及时
		报公司总经理审定			及时
计划编制分解	D4 D5	工作依据			
		公司全年主要经济指标			
		工作内容			
		统筹考虑，下达公司年度、季度、月度生产安排	确保与集团公司半年度、季度考核指标协调	文件、函	及时
计划验收	D6	工作依据			
		年度、月度生产计划			
		工作内容			
		组织相关部门参与验收各生产单位相关指标	相关部门参加、基层单位做好配合工作，验收人员签字	验收记录	次月3日前
计划重新调整与安排	D7	工作依据			
		各项指标完成情况			
		工作内容			
		根据全年指标、阶段完成情况及时调整生产任务安排	统筹考虑生产单位生产条件变化、外部市场情况	公司组织专题会议，听取汇报、审核	及时

表2-2的各项业务流程标准还和公司预算管理、定额管理等环节相联系。其他业务流程控制标准，请参阅陕北矿业相关文件。

2.3 流程化管理

企业的成功依赖于其卓越的运营能力，而运营能力的基础是企业的流程管理。自从1990年美国迈克尔·哈默（Michael Hammer）博士提出了"Business Process Reengineering"（BPR，业务流程再造）的观点，并在1993年和James Champy一起出版的经典之作《企业再造》中对业务流程再造进行了全面论述后，流程管理理论在西方得到深入的研究，并在企业中得到广泛的应用。有相当多的企业通过流程再造获得自己的竞争优势，建立流程型组织也成为众多企业努力的目标。迈克尔·哈默认为流程是把一个或多个输入转化为对顾客有价值的输出活动。

企业流程是一系列完整的端对端活动，联合起来为顾客创造价值。流程的本质是以顾客为中心，以顾客的需求为出发点，来安排企业的生产经营活动。陕北矿业为了实现管理的"无缝化"，对企业的业务流程进行改进，做到了各职能部门的协调一致。

2.3.1 流程规划

流程是把一个或多个输入转换为对顾客有价值的输出的活动，利用程序化的方式把企业的行为规范起来，告诉人们什么时间、由谁、去干什么，以及怎么干、完成的标准是什么。在2012年以前，陕北矿业还没有详细的流程管理体系。因此，针对流程管理体系缺乏，陕北矿业分财务资产业务流程、人力资源业务流程、煤炭运销业务流程、企业管理业务流程、党委工作业务流程和工作标准、规划发展业务流程、生产技术业务流程、机电物资业务流程、基本建设业务流程、安全监督管理业务流程、行政办公业务流程、监察及审计业务流程、综合管理部业务流程等13个大类建立起了113个核心业务流程，见表2-3。

2.3.2 流程描述

采用如下的流程表示图例详细编制业务流程：

椭圆——流程的开始或结束　矩形——任务或工作　菱形——要决策的事项　倒梯形——信息来源　流程线　平行四边形——信息储存与输出　曲边矩形——文本输出

表2-3 陕北矿业业务流程体系

1. 财务资产业务流程和工作标准	1.1	财务预算编制业务流程
	1.2	预算调整业务流程
	1.3	预算超支管理业务流程
	1.4	资金计划编制业务流程
	1.5	投资决策分析业务流程
	1.6	融资决策分析业务流程
	1.7	财务分析业务流程
	1.8	企业投资管理业务流程
	1.9	年度投资计划编制业务流程
	1.10	现金付款业务流程
	1.11	个人借款管理业务流程
	1.12	现金清查处理业务流程
	1.13	备用金收支账务处理业务流程
	1.14	应收账款管理及催收业务流程
	1.15	应收票据会计处理业务流程
	1.16	呆账、坏账审批确认业务流程
	1.17	新增固定资产管理业务流程
	1.18	固定资产盘点管理业务流程
	1.19	存货管理业务流程和工作标准
	1.20	无形资产日常管理业务流程
	1.21	贷款结算业务流程
	1.22	费用报销管理业务流程
2. 人力资源业务流程和工作标准	2.1	工资套改、变更管理业务流程
	2.2	劳动合同业务流程
	2.3	人事档案管理业务流程
	2.4	公司机关员工工资管理业务流程
	2.5	员工招聘录用管理业务流程
	2.6	培训精细化管理业务流程
	2.7	人事调配员外部调动业务流程

续表

	2.8	员工基本信息管理业务流程
	2.9	转正定级管理业务流程
	2.10	专业技术职务任职资格管理业务流程
	2.11	户籍管理业务流程
3. 煤炭运销业务流程和工作标准	3.1	原料煤采购供应业务流程
	3.2	煤炭发运业务流程
	3.3	煤炭货款结算业务流程
	3.4	煤炭质量管理业务流程
4. 企业管理业务流程和工作标准	4.1	信息化管理业务流程
	4.2	合同管理业务流程
	4.3	基本建设工程、设备及服务项目招标采购业务流程
	4.4	材料及配件招标采购业务流程
	4.5	基本建设工程、设备及服务项目比价采购业务流程
	4.6	材料、配件及其他物资比价采购业务流程
	4.7	综合统计业务流程
5. 党委工作业务流程和工作标准	5.1	新党员发展业务流程
	5.2	《陕北矿业人》编辑业务流程
	5.3	《陕北矿业报》编辑业务流程
	5.4	《陕北矿业公司网站》编辑业务流程
	5.5	《陕北矿业公司网站》换版业务流程
6. 规划发展业务流程和工作标准	6.1	项目投资管理业务流程
	6.2	专项资金计划管理业务流程
	6.3	大修资金管理业务流程
7. 生产技术业务流程和工作标准	7.1	生产计划管理业务流程
	7.2	月度产量进尺验收业务流程
	7.3	月度安全质量标准化验收业务流程
8. 机电物资业务流程和工作标准	8.1	设备大修业务流程
	8.2	机电运输检查验收业务流程
	8.3	设备物资采购业务流程

续表

9. 基本建设业务流程和工作标准	9.1	图纸会审业务流程
	9.2	标准化工程业务流程
	9.3	单位工程竣工验收业务流程
	9.4	工程预算业务流程
	9.5	建设项目竣工验收业务流程
	9.6	项目建设实施业务流程
10. 安全监督管理业务流程和工作标准	10.1	安全风险评估业务流程
	10.2	安全设施管理业务流程
	10.3	安全隐患排查整改业务流程
	10.4	事故调查处理业务流程
11. 行政办公业务流程和工作标准	11.1	公务接待业务流程
	11.2	会议室使用业务流程
	11.3	派车业务流程
	11.4	交通事故处理业务流程
	11.5	公务车辆维修保养业务流程
	11.6	信访业务流程
	11.7	行政发文办理业务流程
	11.8	行政收文办理业务流程
	11.9	公务车辆油料管理业务流程
12. 监察及审计业务流程和工作标准	12.1	信访举报工作办理业务流程
	12.2	实行党风廉政建设责任制业务流程
	12.3	警示训诫三项制度实施业务流程
	12.4	案件检查业务流程
	12.5	效能监察业务流程
	12.6	财务收支（承包兑现）审计业务流程
	12.7	工程造价审计业务流程
	12.8	任期经济责任审计业务流程
13. 综合管理部业务流程和工作标准	13.1	房屋修缮管理业务流程
	13.2	日常供餐业务流程
	13.3	餐厅服务业务流程
	13.4	低值易耗品管理业务流程
	13.5	费用报销业务流程

附录给出了业务流程之间的关系，具体业务流程，请参阅陕北矿业相关文件。

例如，生产计划管理业务流程，见表2-4。

表2-4 生产计划管理业务流程

流程名称	生产计划管理业务流程 （概要：生产计划的制订和执行）					
单位	总经理	主管副总经理	生产技术部	企业管理部	二级单位	
节点	A	B	C	D	E	
1			开始		
2			收集生产情况资料		
3	审核	审核	确定主要生产指标		
4			制订指导生产计划		
5			分解计划进行编制	下发各单位	
6				考核依据	
7			验收 是/否	生产日报、周报、月报	
8			调整计划并下达各单位	按照调整计划安排生产	
9				结束	
编修单位/人	生产技术部	签发人		签发日期	

2.3.3 流程优化

流程优化作为一种重要的管理方法和工具，正在被越来越多的企事业单位广泛使用，并且在企业管理中占据重要位置。陕北矿业推进精细化管理，以流程优化为主要方法，对煤矿业务流程进行全面梳理并整合优化，对影响效率、效益的环节进行整合、增减，形成包括流程框架体系优化、关键流程优化、流程图与工作标准、组织机构设计、定岗定编定责、绩效考评与激励等的流程优化方案。

企业流程优化，首先要分析清楚企业价值流。企业价值流分为内部价值流和外部价值流。企业内部价值流是核心，是企业内部各项作业之间的联系，它描述了从企业获得原材料后一直到成品产出的全过程，包括企业的各项作业和业务流程。内部价值流的分析旨在优化企业内部的工作流，企业可以采取流程再造的方法，优化和协调企业的各项活动，区分价值活动和非价值活动，通过减少和消灭浪费，提高增值活动的作业效率来寻求降低成本的途径。

陕北矿业内部价值流包括两个方面，一方面是将煤炭的生产（煤化工目前还是企业的战略产业）作为煤矿企业的基本价值流，即主价值流，其主要活动包括地质测量、掘进、采煤、运输、选煤（排矸）；另一方面是在此基础上形成的辅助管理就是价值辅助流，辅助活动包括两类，一是生产辅助，二是各职能部门，如人力资源管理、技术开发、采购管理等，如图2-2所示。

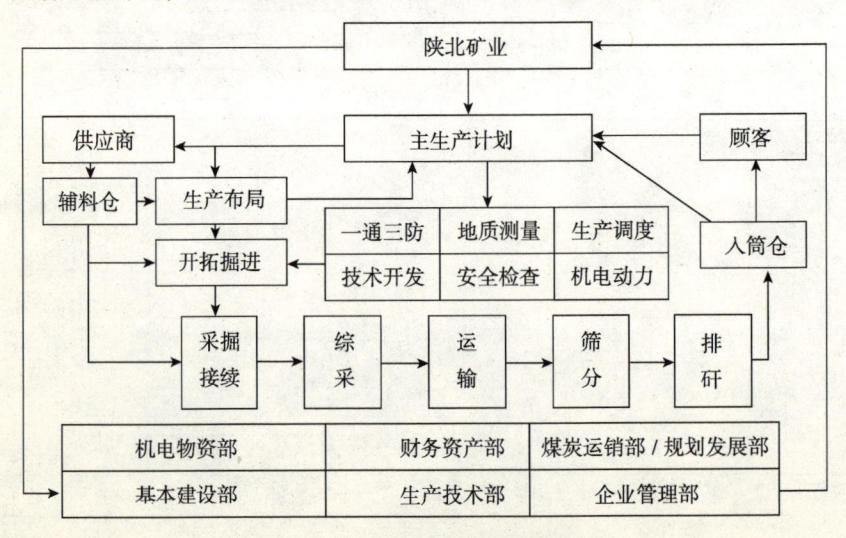

图2-2 陕北矿业内部价值流

外部价值流主要是指企业的供应链价值流,即从原材料的供应到最终用户活动的一系列相互关联的业务流程。陕北矿业根据上述原理,对业务流程进行了改进,形成了一批新的业务流程,限于篇幅,下面仅给出合同管理业务流程优化的前后对比(见表2-5)。

表2-5 合同管理流程优化

环节	原合同管理流程	优化后的合同管理流程
市场调查与资信调查	对签约对象的民事资信进行审查,并填报《合同资信审查表》	增加"通过比价、招标、商务谈判等过程已经进行过市场、资信调查的,可不再进行调查"
谈判和起草	合同谈判和起草由合同承办部门负责进行,重大合同或法律关系复杂的合同由承办部门协调并组织公司经营、财务、技术、法律等部门组成合同谈判小组	增加"技术要求复杂的合同,应先签订技术协议"
合同会审	承办人员按《合同会审单》的程序和要求进行合同会审,并及时根据审核意见,修改完善合同。公司审查合同的范围以公司名义签订的所有合同和公司各单位(全资、控股子公司)签订的下列合同。会审人员应按照业务范围和职责,认真发表意见,并对自己的审核负责	以公司名义签订合同:由合同承办人填写《合同会办单》和准备相关材料等,按《合同会办单》所列部门和领导提交会审。 除规定限额以下的建设工程合同、购销合同和外包服务合同外,公司对二级单位(含控股公司。下同)签订合同实行"合同会审单"制度。 (1)各二级单位签订标的额不足20万元的建设工程(含装饰装修)合同、设备材料采购合同,标的额不足10万元的外包服务类合同,标的额不足500万元的原(燃)料采购、产品销售合同,由各二级单位自行会审签订;达到以上限额必须经过公司会审。投融资、担保、借款、赠与、租赁、融资租赁、技术合同等其他合同必须经过公司会审

续表

环节	原合同管理流程	优化后的合同管理流程
		(2) 特殊付款方式的合同和涉及增值税以外的其他税种的合同应经公司财务部门会审。 (3) 50万元以上的建设工程合同、材料配件采购合同，500万元以上的产品销售和原（燃）料采购合同以及投融资、担保、借款、赠与、租赁、融资租赁、技术转让等其他合同应经公司财务总监会审。 这部分优化的重点在于对合同进行分类分级管理
合同签署	公司法定代表人签署标的额500万元以上以及融资、担保、对外投资等合同，其余合同由公司总经理签署，其中20万元以下采购合同由合同承办部门的领导签署	公司签订合同，合同总价款满200万元的建设工程合同、满100万元的采购合同、各类服务合同和其他类型的合同，属于公司签订的，由公司法定代表人签署；合同总价款满50万元不满200万元的建设工程合同、满30万元不满100万元的采购合同，由公司总经理签署；合同总价款不满50万元的建设工程合同、不满30万元的采购合同由公司业务主管领导签署。 二级单位报公司会审后方可签订的合同，是由公司法律事务室按上述权限报公司领导在会审单上签字批准。经批准的合同会审单，由公司法律事务室传真给该单位合同管理员，组织修改完善合同并核对无误后，提交本单位领导签署

流程优化是针对企业管理中的问题，对业务流程进行分析思考，目的在于改善企业的成本、质量、服务及速度，提升企业管理水平。陕北矿业通过合同管理业务流程优化，一方面明确了合同管理的具体权限，堵住了潜在的"漏洞"；另一方面通过分类分级管理，简化了合同会审的程序，提高了合同管理的过程时间。

陕北矿业通过流程化管理通过了"横向到边"的管理体系。一是用流程来管理企业治理行为，实行规范化管理。例如，规范重大投资决策程序，杜绝了"拍脑袋"工程。二是用流程作为新员工培训的主要内容，使员工能尽快适应企业。三是用流程管事。陕北矿业实施精细化管理的核心内容，就是用流程管住安全生产。

对于陕北矿业，简单化、标准化和流程化是内在统一的，它们围绕一个共同的目标，即降本增效。三者相互协同作用，确保实现企业管理水平的提升（见图2-3）。第一，简单化管理缩短了沟通和执行时间，节省了成本费用。简单化管理依赖于标准化管理和流程化管理，通过标准化管理和流程化管理进一步固化程序性工作，促进管理的高效。没有标准化和流程化，就没有简单化，否则简单化就是适得其反。第二，标准化提高了工作质量的保证力度，也为企业绩效考核和员工激励提供了依据，使得流程标准的制定得以顺利进行。第三，流程管理的出发点在于提高工作效率，也能促进简单化管理和标准化管理的推进。

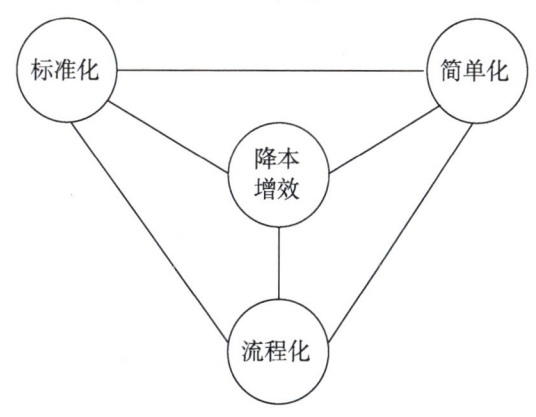

图2-3 陕北矿业3S管理思想的内在统一

降本增效是企业保持长期竞争力的重要途径，也是陕北矿业推行精细化管理的目标所在。传统意义上的降本增效通常以是否节约作为判断依据，极其片面地强调成本数量上的降低，以及力求避免某种费用的产生来实现成本控制，这种思想在一定程度上过分强调了节省和节约。殊不知，"降本"是为"增效"服务的，降本的目的是增效。所以，首先是要确保增效，其次才是降本，不可本末倒置。

2009年以来，陕北矿业积极应对严峻的市场形势和不断增强的经营压力，通过推行精细化管理把广大职工的思想和行动统一到"降本增效，从我做起"上来。陕北矿业在传统可控成本的基础上，向企业经营管理行为要效益，"杜绝任何形式的浪费，力求尽善尽美"。"降本"主要是降低可控成本，"增效"就是增加经济效益和管理环节效率的提高。

第一，通过简单化管理，抓住薄弱环节和提高相应管理制度和措施的可操作性。管理制度的全面和烦琐往往掩盖着关键管理问题，"人人都负责"也表明"无人负责"。例如，在合同会审方面，过去往往需要一些非相关部门的签字，这些部门无论从职责和专业上都无法负责。"三个简化"和"三个管住"是实现简单化管理的具体措施。第二，标准化管理在效率和自主性管理方面驱动企业降本增效。标准化，一方面对实际的或潜在的问题制定共同的和重复使用的规则来提高执行效率；另一方面通过实施工作标准化，省去了许多无谓的请示、命令、询问，管理系统得以高效率地自动化运作。"尽量减少管理，尽量自主管理"是符合人性要求的管理法则。第三，流程化管理的最高境界在于提高经营管理运营系统"协调性"和"稳定性"。通过流程管理，实现横向到边的"无缝化"管理，实现各部门的协调一致；"管理就是规矩"，业务走流程能减少管理的主观性，这样能实现管理的稳定性。图2-4表明了3S精细化管理推进思想的内在相互作用关系。

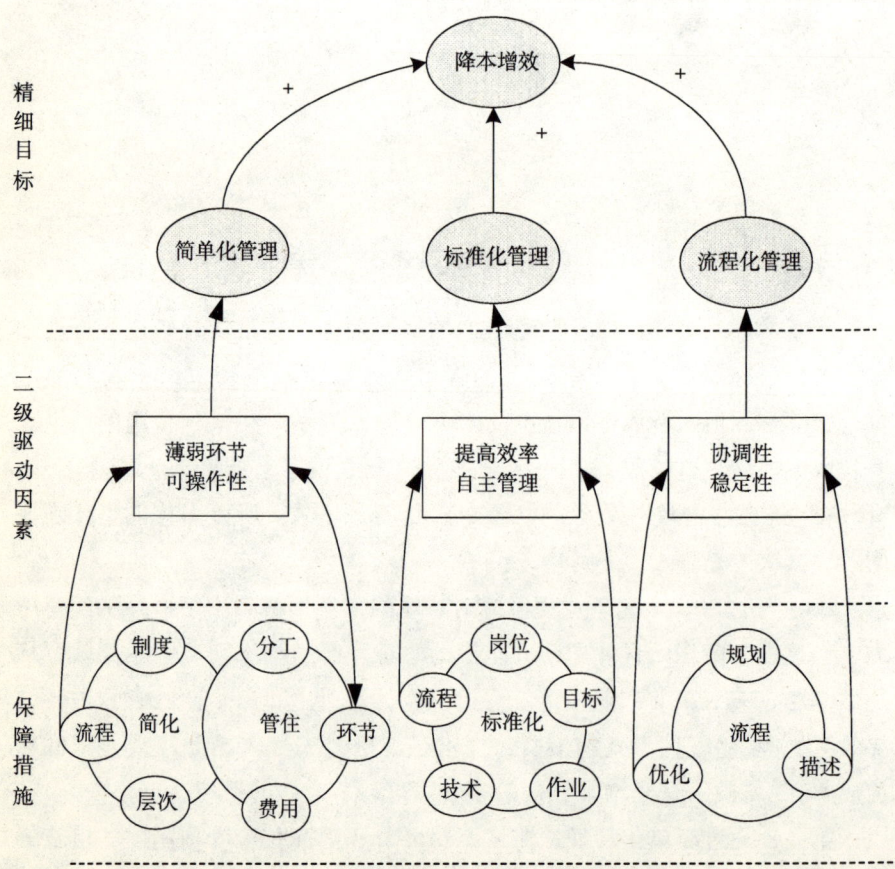

图2-4 3S精细化管理推进思想的内在相互作用关系

第3章 DOC 精细化管理方法

"工欲善其事，必先利其器。"精细化管理首先要解决的是方法问题，只要方法正确，就能事半功倍。陕北矿业的精细化管理方法就是 DOC 方法。"DOC"是指诊断识别（Diagnosis），运营机制转变（Operation mechanism transformation），明确职责、权限、流程和标准（Clear responsibility, authority, process and standard），也叫"一诊断、一转变、四明确"。

3.1 管理诊断"三步法"

陕北矿业高度重视问题诊断，先后举办"精细化管理征文和交流""外部专家到陕北矿业进行讲座""部门自查""部门形成精细化管理建设方案""聘请外部专家一同会审"等多种形式活动对现有的问题进行诊断和解剖，做到了把问题看清。提出经营管理问题诊断"三步法"：第一步，现行规定是什么，实际运行产生了什么结果；第二步，该规定（业务）的理想效果是什么，该业务对标企业的成效如何，围绕理想效果找差距和出路；第三步，该问题到底是一个什么问题（是缺乏较好的机制，是职责没有划清，是权限不清晰，是流程不明确，还是没有管理标准）。管理诊断在 3S 精细化管理推进思想的指导下进行，把企业问题厘清（见表 3-1 和图 3-1）。

表 3-1 陕北矿业精细化管理诊断表（节选）

类型	问题	Ⅰ	Ⅱ	Ⅲ	Ⅳ	Ⅴ
公司治理	法人治理结构是否健全		√		√	
	重大决策程序是否合理			√	√	
	管控模式是否有效					√
	总部与二级单位的职责划分和职权配置是否合理		√		√	

续表

类型	问题	I	II	III	IV	V
公司战略	是否有明确的、长期的战略目标	√	√			
	战略目标的内容是什么					
	精细化管理目标是否是战略目标的组成部分					√
	经营战略是如何制定的				√	
	战略实施的保障措施		√			√
组织管理	企业业务流程				√	√
	企业组织采用何种形式		√			
	经营组织的内部管理层次			√		
	企业组织的管理力度	√			√	√
	各职级权责是否明晰			√		
	业务的执行程度	√				√
人力资源管理	员工与岗位是否匹配，是否做到精简					√
	工资和福利制度是否起到激励作用	√				
	选人用人方式	√				
	是否有完善的绩效考核体系	√			√	√
	人才的使用情况	√				√
	员工的满意程度					√
	人才流失情况	√				
	员工的主动性和精神状态	√				
	中层管理者的履职情况	√	√	√	√	√
……	……					

注：I类问题为机制问题，II类问题为职责问题，III类问题为权限问题，IV类问题为流程问题，V类问题为标准问题。

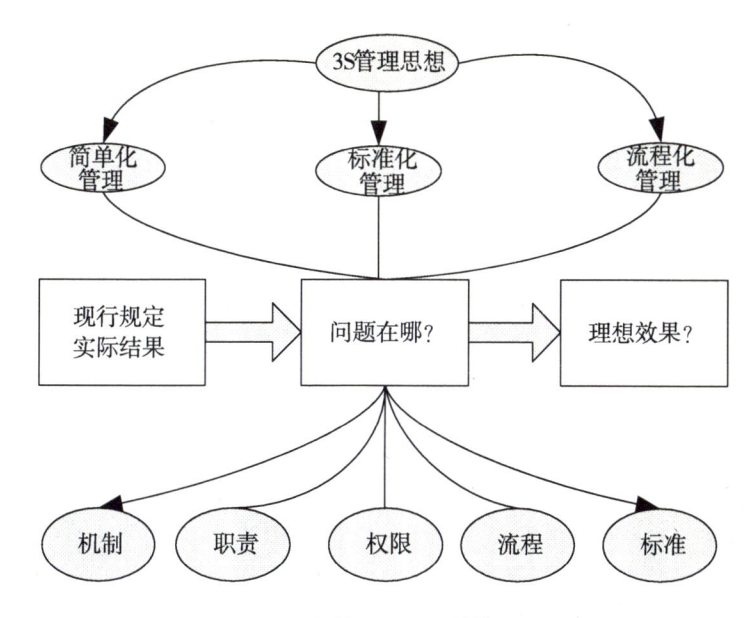

图 3-1　3S 管理思想下的管理诊断

如前所述,陕北矿业的前身属于军队所办矿井,一方面部队的优良作风对陕北矿业的发展起到了关键作用,但是另一方面其经营管理机制在过去还相当落后,基本上不适合市场经济,整体上还存在员工对危机认识不到位,公平性问题没有从根本上得以解决,公司执行力缺乏等问题。

要解决上述问题,除了针对专业问题设计出相应的管理方法外,更应该从整体上和根本上解决其长效机制问题,用经营管理机制去激活管理行为。做到用机制创新去激励员工实现由被动服从向主动参与、由"等靠要"向"争抢挣"、由"低要求"向"高标准"、由外在物质激励向内在自我激励及由本位主义向团队意识的转变,彻底改变过去"领导说一下,下属动一下"和"领导不说,下面就等着"的经营管理局面。因此,精细化管理首要问题需要解决机制创新,用机制创新去激活员工的主观能动性和创造热情。

机制创新对于企业来讲是"宏观层面"和"思路方针",必须还要做到"四明确",即明确职责、权限、流程和标准。通过职责、权限、流程和标准的重新确立,把机制创新确立的思路和方向具体化。因此,陕北矿业的 DOC 精细化管理方法是层层递进的,见图 3-2。

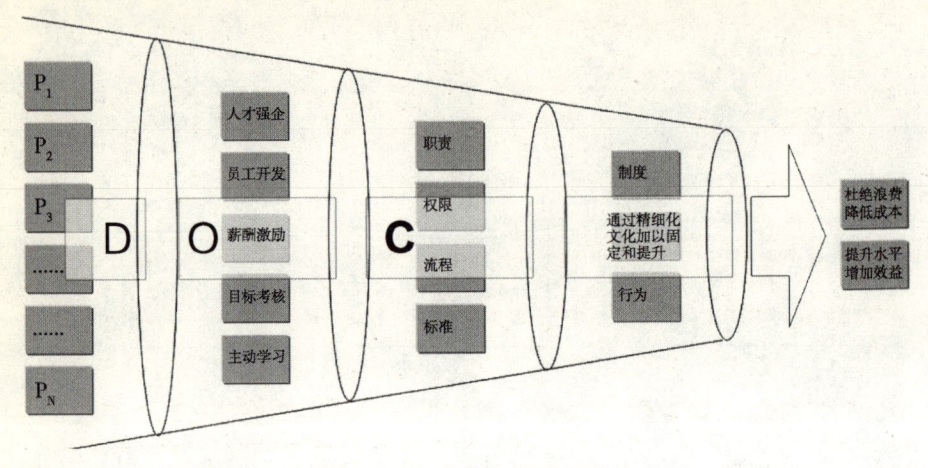

图 3-2 "DOC" 管理方法

3.2 机制创新概述

3.2.1 经营管理机制演变

陕北矿业从小到大，机制创新始终走在前面。一方面紧跟国家宏观经济体制的变化而变化，更主要的是不断搞活企业微观经营机制。从部队分散独立管理、部队集中归口管理、"军转企业"地方管理、归口陕西省煤炭运销集团管理到改制后的集团公司制管理，机制创新源源不断地给陕北矿业的发展注入活力。

1988年，高度集中的计划经济体制已逐步被打破，企业开始由单一的生产型向生产经营型过渡。陕北矿业管理局（公司）从上到下按照"责、权、利"相结合的方式进行经营管理，各二级单位根据年度包干任务，采取不同的形式层层分解落实包干指标。同时，实行材料费包干、资金分口控制和其他费用包干等办法，明确各部门的经济责任，使每个单位和职工的经济利益都与企业经济效益挂起钩。不同的是陕北矿业管理局由于部队只派出少数管理人员，没有生产人员，因此在生产管理上采取外包采煤队大包的形式组织生产。

2002年，陕西省煤炭运销（集团）公司为了进一步落实承包经营责任制，与陕北矿业管理局（公司）签订了承包经营合同。此后，陕北矿业管理局（公司）对下属矿井和公司也重新核定指标，确定内部承包经营方案，实行工资总额与经济效益挂钩的管理办法，对二级单位经营负责人实行绩效考核薪酬管理办法，对采掘区队加强了计件工资分配办法的管理力度。从2006年起完善了目标经营责任管理和安全风险抵押，全公司推行利润经营模式，2007年又进行了工资改革，2008年对经营负责人实行年薪制。

3.2.2 经营管理机制内涵

"机制（mechanism）"一词最早源于希腊文，原指机器的构造和动作原理。对机制的本义可以从以下两方面来解读：一是机器由哪些部分组成和为什么由这些部分组成；二是机器是怎样工作的和为什么要这样工作。生物学和医学通过类比借用此词。生物学和医学用以表示有机体内发生生理或病理变化时，各器官之间相互联系、作用和调节的方式。把机制的本义引申到不同的领域，就产生了不同的机制。例如，引申到生物领域，就产生了生物机制；引申到社会领域，就产生了社会机制；引申到经济学领域，表示一定经济机体内，各构成要素之间相互联系和作用的关系及其功能。后来，机制一词进入经营管理领域，用经营管理机制表示一定时期某经营管理主体经营管理构成要素之间相互联系和作用的关系及其功能。

在任何一个系统中，机制都起着基础性的、根本的作用。在理想状态下，有了良好的机制，甚至可以使一个社会系统接近于一个自适应系统——在外部条件发生不确定变化时，能自动地迅速做出反应，调整原定的策略和措施，实现优化目标。企业运行机制（enterprises operational mechanisms）构建，重要的是做好两个方面的工作：一是企业外部环境的建设，二是企业内部机制的构建，其中重要的是经营机制和管理机制。国务院于1992年7月颁布实施了《全民所有制工业企业转换经营机制条例》，一方面通过宏观经济体制改革来改善企业的经营环境，为企业转换机制创造外部条件；另一方面实行向企业放权（14项自主权）为企业内部机制的构建提供空间，同时把经济体制改革与现代企业制度建设结合起来。

经营和管理有着不同的内涵。一般管理理论的首倡者法约尔（H. Fayol）定义了管理的内涵，并将其与经营进行了区分。法约尔认为经营是指导和引导一个组织趋向一个目标，管理则是实行计划、组织、指挥、协调和控制。对一个企业来说，经营是以市场为对象，以商品生产和商品交换为手段，为实现企业的目标而使企业内部条件与外部环境达到动态平衡的一系列有组织的经济活动；由于企业的每项经营活动都含有管理，且都需要进行计划、组织、领导和控制活动，可以说，管理贯穿整个企业的经营活动中，经营是管理的目的，管理是经营的手段。因此，如今企业的经营活动经常被称为经营管理（operational management）。

企业经营机制（侧重于外部经营环境）就是企业经营系统运行过程中的机制，即企业各经营环节内部及各经营环节之间内在的本质的相互联系、相互制约的工作方式的总和。企业经营机制又包括投入机制、转换机制、产出机制和反馈机制。管理机制是指管理系统的结构及其运行机理。管理机制以管理结构为基础和载体，它本质上是管理系统的内在联系、功能及运行原理。对一般管理系统，管理机制（侧重于内部管理系统）主要包括运行机制、动力机制和约束机制。这三大机制也是管理机制的一般外在形态。实际中，往往经营机制和管理机制合成为经营管理机制。

经营管理机制具有以下特征：一是内在性，经营管理机制是管理系统的内在结构与机理，其形成与作用是完全由自身决定的，是一种内运动过程；二是系统性，经营管理机制是一个完整的有机系统，具有保证其功能实现的结构与作用系统；三是客观性，任何组织，只要其客观存在，其内部结构、功能既定，必然要产生与之相应的管理机制，这种机制的类型与功能是一种客观存在，是不以任何人的意志为转移的；四是自动性，管理机制一经形成，就会按一定的规律、秩序，自发地、能动地诱导和决定企业的行为；五是可调性，机制是由组织的基本结构决定的，只要改变组织的基本构成方式或结构，就会相应改变管理机制的类型和作用效果；六是动态性，经营管理机制的适应性会随着影响其内外因素的变化而变化。

3.2.3 陕北矿业管理要素

显然，企业作为复杂的社会系统中的一个组织，经营管理的最高境界就是构建"自适应"组织，使企业经营管理各要素（如人才配置和机构设置）能主动逼近最优配置和快速响应市场变化。

管理要素是指管理活动和过程必不可少的组成部分。管理要素是指管理系统的构成因素，有时亦称管理系统的资源。对于管理的要素，有不同

第3章　DOC精细化管理方法

的分类方法，最早人们普遍认为人、财、物是构成管理要素的三个最基本的要素，后来加上时间、信息要素。随着社会分工协作的发展，科技进步、日益激烈的竞争环境，以及对管理系统研究的深化，一些重要的、无形的资源也列入了管理的要素。在现代市场，管理要素主要包括所有权结构、治理结构、资本结构、组织结构、企业文化、企业家、组织模式、绩效体系、运营系统、信息系统、战略、流程、惯例、品牌、专利权、渠道、供应链、战略联盟、核心能力、战略资源、战略市场、顾客资产等。各要素中又包含若干管理项目，如人员有工作评价、职位分类、人事及工资管理等；资金有预算控制、成本分析、财务管理等；方法有生产计划及控制、动作和时间研究、质量控制、作业研究等；机器设备有设备布置、机器保养及安全生产等；物料有物料采购及搬运、库存控制等；市场有市场研究、销售管理等；士气有办公室管理、干群关系、工作效率等。

如前所述，煤炭企业和一般企业存在着明显差异。在综合已有研究的基础上，本书认为陕北矿业管理要素主要包括产权安排、治理结构、组织结构、绩效体系、企业文化、发展战略、会计系统、升级系统、流程、定额、预算、信息系统、员工能力、资金、品牌、知识产权、专有技术、人才、装备、营销渠道、法律、风险、安全、环境和社会责任25种（见图3-3）。

在管理过程中，能否发挥这些要素的作用，以及发挥的程度如何，关键是看管理者怎样安排、组合、使用和优化这些要素的内在内容，即用一种什么样的内在作用方式形成一种"磁场"（管理机制）驱动这些因素为管理目标的实现做出贡献，决定着煤炭企业的绩效。这些要素的内在作用机理主要有以下三个方面。

（1）管理要素作用的普遍性。一个要素在某种条件下，在某一方面或几个方面不起作用或起的作用很小，但是当管理者经过全面了解并进行系统分析后，就会发现这一要素在另一条件下的另一面能发挥作用。例如，综采工作面的可回收材料，即便对该系统作用不大，但卖给物资收购部门，经过一系列的加工处理后，又可变为有用物资，再次被人们所利用。但实际情况往往是，有的要素作用大，有的要素作用小；有的要素是副职作用，有的要素是正职作用，明确正副职作用的性质，不断加强核心要素间的联系，是保证核心要素系统协调发展的关键；在管理系统内，有的要素起有益作用，有的要素则起有害作用，管理者的任务就是要让有益的要素不断发挥其作用,对于起有害作用的要素,要研究如何使其转化,将有害作用变为有益作用;有的要素暂时还没有起作用,将来才有作用,或者是暂时起储存作用,到一定时候才起实际作用;有的要素在这个地方不能发挥作用,在另外一个地方就有作用,甚至作用很大。运用这一原理,来处理本部门或本单位的问题,首先要看到人力、财力、物力的有用性,做到人尽其才、财尽其利、物尽其用,尽最大可能提高它们的有用性比率。

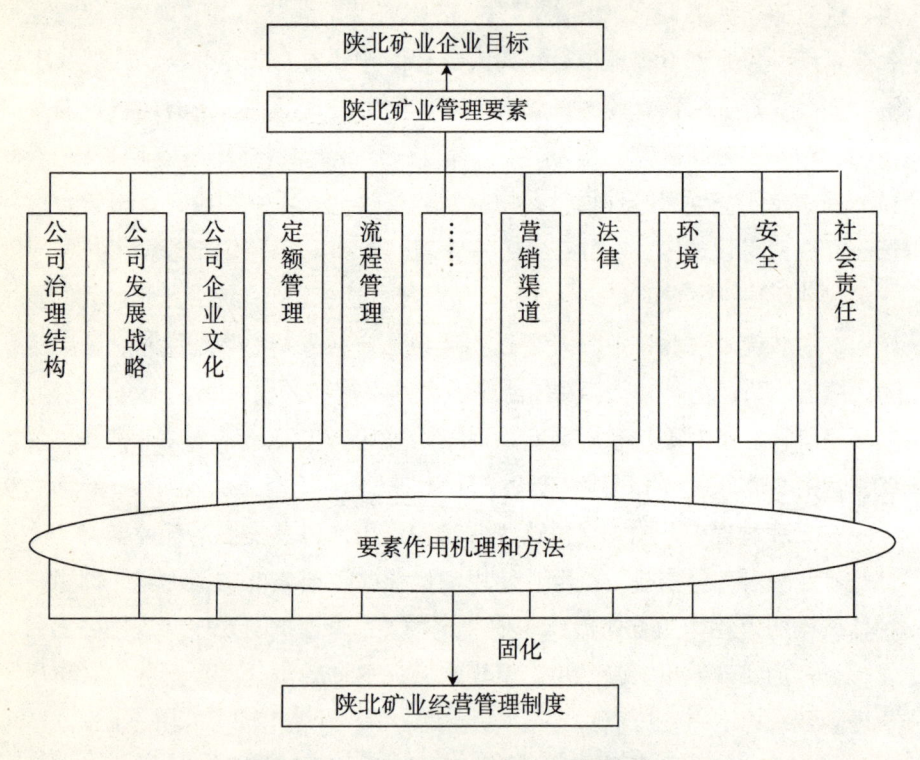

图3-3 陕北矿业管理要素与管理制度

(2) 管理要素作用的特殊性。管理系统中的一切要素都有作用,这是要素的共性。管理者只知道这一点是很不够的,因为要素不仅有共性,还有个性。当具体研究某一要素的时候,就会发现其特殊性。例如,在管理系统内,人有作用,物也有作用,但是人和物对于管理系统的作用就有本质的差别。同样是人,由于思想、能力、知识、经验、技术等水平不同,所起的作用也不同;同样是物,由于性质、功能、形态等不同,所起的作用也不一样。如果我们只知道一切要素都有作用,而不具体分析每一要素的特殊性，也不能充分发挥要素的作用。

比如在管理系统内，人是大家公认的宝贵财富。现代管理科学已将如何充分发挥人才的作用列为研究重点。人的主动性、积极性、创造性发挥不出来，任何管理系统都不可能收到预期的成效。但要真正把人的潜在才能发挥出来，又必须懂得要素作用的特殊性。认真地对每个人进行具体分析，要了解每个人的长处，把管理工作的基点建立在用人的长处上，掌握这一点非常重要。人类生活在信息的汪洋大海之中，即使是伟大的天才，也不可能成为什么都会的"全才"。历史和现实证明，世界上没有十全十美的完人，但确实存在的是某方面有特长的人。管理者的职责就是发现人的长处，发挥人的长处。一个有效的管理者，他的特点是既善于发现人的长处，又善于开发人的长处。这样，才会使管理工作卓有成效。了解人的长处，发挥人的长处，也需要知道人的短处。之所以需要，是为了帮助他从工作的利益出发，改进其短处，充分发挥其长处。

（3）管理要素动态相关性。管理系统在发展过程中，静止状态是相对的，而运动是绝对的。管理系统向前发展的根本原因，在于系统内部诸要素的动态相关性。管理系统内部各个部分之间既相互联系又相互制约、既相互斗争又相互依赖，这种相互作用推动管理系统不断向前发展，表征这种相互作用的因子是相关因子。充分利用相关因子的作用，是增强管理效应的有效方法，事物在组合过程中，可以发生质变。许多人协作，许多力量融合为一个总的力量，就形成新的力量。这种力量和它的每个个体力量的总和有本质的差别，其效应不等于几者之间的简单相加，部分之和与整体效应不一定相等，这叫作动态相关性。运用动态相关性来指导管理工作非常重要，不仅要提高每个人工作的主动性、积极性、创造性以及物的个体效应，而且要增强人与人、人与物、物与物的群体效应（协同性），使管理部门有一个良好的组织结构，成为工作效率高、产品质量好、成本低、利润大的企业。实践证明，只要抓住这点，就能取得满意的效果；否则，会向相反方向发展，不仅成效小，甚至无成效。

企业管理是一项系统工程，其中有各种管理内容和管理要素，各要素在不同时空条件下经常变化，而且对管理绩效的影响和作用表现出较大差别。因此，应根据客观经济环境，找出影响管理绩效的主要因素，加以重点管理，并以此为基础构建相应的经营管理机制。

3.3 机制创新体系

3.3.1 机制创新"四步法"

经营管理机制创新就是对经营管理系统内在联系和运行方式进行变革，通过对各经营管理要素进行重组和再造，从整体上使企业获得可持续发展所需的活力和动力。陕北矿业经营管理机制创新紧扣上述重点，创立了如下"经营管理机制创新四步法"。

第一步，如何使员工主动去工作。主动性是指员工自发地采取积极的方式，通过克服各种障碍和困难去完成工作任务并实现目标的行为特征，它包括自发、率先行动和克服困难三个方面。企业的成功，仅仅依靠技术和设备是不够的，员工的主动性像一只无形的手左右着公司业绩。高主动性员工能够自加压力，主动为公司承担责任。

陕北矿业作为一家军转民企业，既有计划经济习惯性行为，又有部队办企业的粗放式管理的不足。在煤炭价格持续上涨的时候，可以说躺着数钱，员工根本不操心收入，上班迟到、早退现象非常严重，更可怕的是大部分员工不知道干什么。陕北矿业在精细化管理以前有一种现象，一到星期五下午公司机关部门几乎无人留守办公室。

（1）目标牵引，就是用陕北矿业发展战略目标和岗位目标来引导员工行为。"十二五"期间，陕北矿业公司总体发展思路是：做强煤炭，转型升级，改革创新，和谐发展。做强煤炭：加快资源扩张步伐，重点推进资源整合矿井、新勘探的整装煤炭资源和合作项目的煤炭资源获取工作，为公司煤炭产业的可持续发展提供资源基础。转型升级：坚定不移地走园区化、洁净化、多元化、现代化之路，创新发展模式，加快产业转型升级，实现煤炭生产从粗放型向质量效益型转变，推动企业全面、协调和可持续发展。改革创新：以改革为动力，重点推进体制、管理、技术三大创新，实现公司高效整合和流程再造。和谐发展：统筹公司经济发展与提高职工生活水平，坚持以人为本，不断提高职工收入水平，让职工共享集团发展成果，实现职工与企业共同发展；统筹矿山经济与区域经济，发扬合作精神，融入区域经济，拉动地方经济发展，实现企地共荣；统筹煤炭开发与生态环境协调，坚持企业发展与环境保护并重，加强资源综合利用，提高环境质量，着力建设资源节约型和环境友好型企业。经过"十二五"期间的改革与发展，以科技创新为手段，以改革创新、信息化、资本运作、安全管理、循环经济等为支撑，夯实煤炭业基础，加快煤炭深度转化，促进科学发展，实现企业跨越式和可持续发展，力争在"十二五"末，建成主业突出、核心竞争力强的一流能源化工企业。"十二五"期间，规划项目投资186.06亿元，到2015年，实现销售收入143.95亿元、利润33.05亿元。

（2）薪酬激励到位。坚持按劳分配，收入分配向苦、脏、累、险岗位和关键技术、管理岗位倾斜的原则；坚持工资总额与生产任务、工效、成本、产值等指标挂钩的原则。实行吨煤工资含量包干、百元营业收入含量包干和工资总额预算控制三种方式。具体分配决策权下沉，主要体现在两点：一是将工资的具体分配与审批权限下放到了二级单位，二是提高首次分配比重，降低二次分配数额，也就是大幅压缩各类奖金发放。例如，对于生产服务分公司，规定营业收入超出年核定1亿元后，工资含量按50%提取结算。这些政策的调整，有利于提高基层单位开展工作的积极性，有利于广大职工共享企业发展成果。

（3）全面绩效考核。对于基层单位，每年年初下达经济技术指标，根据其完成情况兑现薪酬。职能部门考核历来是绩效考核中最大的难题。机关考核之所以难，一是因为机关部门是一个个的职能单元，其工作绩效和各个经济技术指标的完成情况缺乏直接的关联性，不像二级单位那样是一个相对完整的生产经营系统，具有独立完成各项经济技术指标的责权；二是因为机关大部分工作不是连续均衡进行的，甚至无法制定量化指标，各部门业务性质差异大，缺乏可比性，考核难以做到客观公正，令人信服。为此，陕北矿业针对职能部门，制定了如下的考核方法：月度重点考核日常性、连续性的工作和当月的重点工作，其中包括当月主要经济技术指标、月度重点工作、规范性要求等；年度重点考核年度主要经济技术指标、年度重点工作和工作总体情况。考核项目总体分为公共项目考核和部门项目考核两部分。公共项目考核的是公司主要经济技术指标完成情况和安全生产情况等综合工作成果；部门项目考核的是各部门的工作效率和质量。部门最终考核得分等于公共项目考核得分与本部门项目考核得分之和。员工绩效考核根据流程标准、管理标准、技术标准、岗位目标及岗位职责进行。

陕北矿业围绕员工主动性进行机制创新，解决了"牵引力""驱动力""吸引力"的统一问题。牵引力，是指通过明确组织对员工的期望和要求，使员工能够正确地选择自身的行为，最终帮助企业完成其目标。驱动力，是通过考核来衡量员工和部门目标完成情况，奖勤罚懒。吸引力，就是通过薪酬激励到位来产生"吸"力，像磁铁一样，把员工吸引到企业价值实现中来。

第二步，如何约束员工的行为。企业是一种组织，员工的行为必须在企业的有效边界范围内，这就需要约束员工的行为。企业约束机制是指为规范组织成员行为，便于组织有序运转，充分发挥其作用而经法定程序制定和颁布执行的具有规范性要求、标准的规章制度和手段的总称。陕北矿业从如下四个方面约束员工行为：一是外部政治和法律规范；二是外部市场行为；三是规章制度；四是全面预算。

（1）政治安全和法律安全。陕北矿业作为国有企业，首先要做到的就是政治安全，确保企业正确的发展方向，对企业进行整体扫描，识别与国家方针和政策不相吻合的领导意识、经营理念和具体规定。然后，建立企业法律风险识别与诊断体系，根据"法无禁止即可为"，确保企业的经营行为一定符合国家和行业的规章制度，做到经营管理的"零法律风险"。

（2）外部人才市场行为。二级单位经营管理者的激励要引入市场机制，对生产服务公司、神南产业公司等经营单位的管理团队要用市场化的激励办法，若经营业绩达不到规定要求，就要及时调整经营管理团队。另外，实行内部岗位市场化，"能上能下"和"竞争上岗"。

（3）规章制度是否完善和有效。首先，根据企业的经营管理业务，判断现行规章制度能否"横向到底"，有无漏项。然后，识别企业的规章制度是否"良法"，"良法是善治之前提"。"良"的陕北矿业规章制度主要有两点：有用没用和是否科学。有用没用，标准是看问题有没有解决。解决了问题的方法，就是"良法"，不能解决问题的方法，只能是尝试。是否科学，就是是否建立在科学理论和方法的基础上。

（4）全面预算管理。通过全面预算管理，严控资金流出。陕北矿业在预算管理上，坚持"现金"到"实物"、"矿井"到"公司"、"部门"到"岗位"覆盖，逐步实现全员、全流程和全业务的预算管控。

约束机制作为企业机制的重要组成部分，能确保企业的发展方向和运营安全。陕北矿业在约束员工行为方面，坚持"扫描"和"抽检"相结合，及时诊断和发现，及时调整和完善。

第三步，如何实现经营管理系统优化。陕北矿业通过多年的发展积累，资产规模、经济实力、资源力量等得到了很大提高，制定了大量的管理制度和业务流程，但是这些制度和流程可以说基本上是对标过程中"简单模仿"，烦琐、抓不住要害、流于形式是最大的问题。陕北矿业对已有经营管理体系的优化，主要采取经营业务优化、管控模式优化、组织结构优化和人力资源结构优化四种方式。

（1）经营业务优化。煤炭生产和销售是陕北矿业的主要业务，贡献了陕北矿业的主要收入和利润。但是，单一煤炭生产和销售使企业面临巨大的经营风险。煤炭企业必须加快战略转型步伐。因此，陕北矿业按照"以煤为基、多元发展"的思路，实现由分散、低效、关联度低的产业发展方式向产业关联密切、附加值高、清洁生产、资源综合利用等为特征的经济发展方式转变，进而不断提升煤炭产品的附加值和提高企业的整体效益，赢得企业超常规发展。

（2）管控模式优化。如果企业对各个部门的控制太死，不但企业高层领导会力不从心，而且各个部门会丧失创造力和快速反应能力，从而使得整个企业失去活力。但是如果企业对各个部门的控制不力，就会出现部门各自为政，以自己的利益为中心行动，偏离企业整体的发展目标，从而挥霍企业资源，形成部门之间的不正当竞争。选择合适的管控模式，将确保企业运行效率和安全。

（3）组织结构优化。根据目前煤炭企业组织结构发展趋势，陕北矿业根据以下措施对企业的组织管理机制进行优化。第一，专业化。专业化是指对企业某些业务所实施的专业管理活动。第二，集约化。集约化是指企业所进行的集约经营活动，是指在企业同一经营范围内，通过经营要素质量的提高、要素含量的增加、要素投入的集中，以及要素组合方式的调整来增进效益的经营方式。第三，扁平化。扁平化就是通过减少管理层次，压缩职能机构，使组织的决策层和操作层之间的中间管理层级越少越好。

（4）人力资源结构优化。第一，做好人力资源规划。根据公司发展战略，以及项目建设进度安排，制定公司人力资源规划，确定公司不同战略阶段的各类人才需求，未雨绸缪。第二，加强优秀人才引进。通过参加区内外各类人才招聘会、组织考察等形式,重点加强公司紧缺专业和硕士及以上高层次人才的招引力度。第三,管控企业用人规模。本着精简高效的原则,生产单位严格按照人均原煤产量1万t的标准进行定员,出台了《生产服务分公司定编定员方案》《涌鑫矿业公司定编定员方案》,并严格按照定编定员方案进行人员配置。第四,优化企业内部人力资源配置。把陕北矿业各个二级单位视为"一盘棋",从企业层面来配置人力资源。

第四步,如何实现企业运营系统协同。截至2014年年底,公司有员工1978人,总资产50.23亿元(其中:货币资金15.49亿元),外部负债总额30.16亿元,净资产20.07亿元。2012年,公司营业总收入154 005.76万元,实现利润4.17亿元。截至2015年9月,陕北矿业有生产技术部、安全监督部、机电物资部、基本建设部等20个职能部门,7个二级生产经营单位。如何在企业发展壮大过程中把不同部门、不同人员统一起来,是企业必须要解决的问题。

(1)战略愿景。战略愿景,是指企业的长期愿望及未来状况,组织发展的蓝图,体现组织永恒的追求。符合企业实际的战略愿景能不断地激励企业奋勇向前,把全体员工聚集在一起拼搏向上。用战略愿景来协同企业,陕北矿业坚持"两统一",即部门利益和企业利益能否统一和员工利益和企业利益能否统一。

(2)内部市场化。内部市场化是企业协同的具体方式,通过引入竞争机制,在使内部客户满意的基础上,最终实现外部客户满意。管理的最大着力点就在于理顺各种关系,陕北矿业用内部市场化抓住了理顺关系的"牛鼻子",让每个部门和每个岗位学会"要算账"和"会算账",通过"价格"把企业协同起来。

(3)文化协同。精细化管理的各种管理措施,都需要通过文化来固化。企业各部门之间、职工之间,由于各种原因难免会产生一些矛盾,解决这些矛盾,一方面需要各自进行自我调节;另一方面企业价值观和经营理念也为矛盾的解决提供了准绳和依据。

陕北矿业经营管理机制创新紧扣上述"四步法",使管理制度、方法、方案等得到了很好的执行,陕北矿业经营管理机制创新"四步法"的运行机理,如图3-4所示。

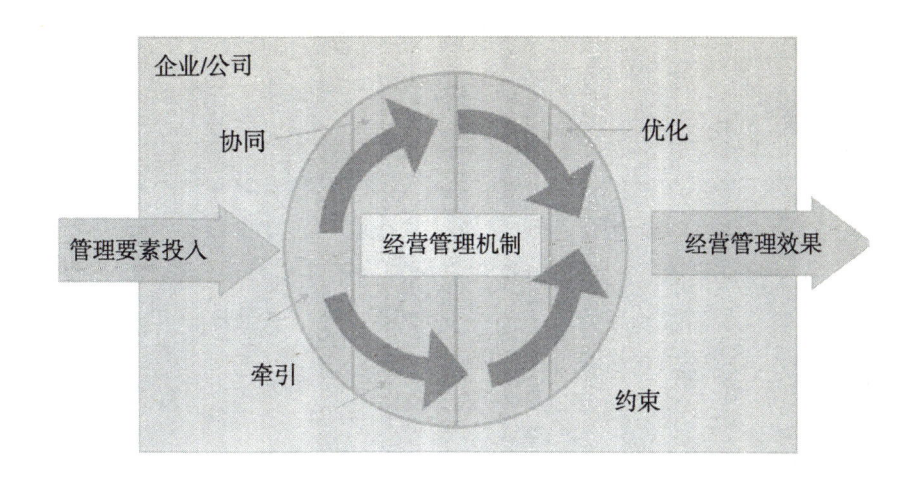

图 3-4　陕北矿业经营管理机制创新"四步法"运行机理

如前所述，经营管理机制是指一定时期某经营管理主体的经营管理构成要素之间相互联系和作用的关系及其功能。"四步法"就是首先明确陕北矿业的经营管理要素组成，分析清楚这些管理要素的历史发展过程、现状和未来情景（主要是通过对标来确定），然后紧扣主动、规范、优化和协同来构建管理要素间的关系，最后实现所需要的经营管理效果。

"四步法"是内在统一的，且适合陕北矿业的实际情况的。第一，作为一所具有军队办企业的历史背景和经历了煤炭行业"黄金十年"发展的企业，企业经营管理机制已经相当僵化，最突出表现就是"等靠要"思想和"被动式工作"，严重缺乏主动性和危机意识。所以陕北矿业将"如何使员工主动去工作"作为经营机制创新的突破口，只有首先解放了员工的思想，才能谈其他的创新工作。第二，陕北矿业经营管理机制创新分为两个层面，即员工行为"微观层面"和企业行为"宏观层面"。员工行为在解决主动性后就要解决规范和约束问题，主动性是"推"，约束和规范是"引"。只有向正确的方向用力，才能保证经营管理机制的效果。企业行为层面主抓优化和协同，理顺各种关系和力争打造自适应组织。第三，四步法是内在统一和层层推进的，陕北矿业不搞"齐头并进"，而是有的放矢，选取每个环节最薄弱和最关键环节下手，实现"立竿见影"的效果。

3.3.2　创新图谱和路径

陕北矿业经营管理机制创新的核心在于企业发展。企业发展是经营管理机制创新的原动力。如何在竞争激烈的市场经济中走得更长远和牢牢竖起"陕北矿业"这杆旗是陕北矿业当前和将来的"达摩克利斯之剑",如果不能促使企业发展,一切都是徒劳的。陕北矿业用"四步法"的14种工具和手段(目标驱使、薪酬激励到位、全面绩效考核、政治法律安全、外部人才市场、制度完善、全面预算、业务优化、管控模式、组织结构、人力资源、战略愿景、内部市场化和文化)对陕北矿业治理结构、发展战略和企业文化等经营管理要素进行"地毯式"扫描和诊断(见图3-5),持续不断地进行重构和变革。

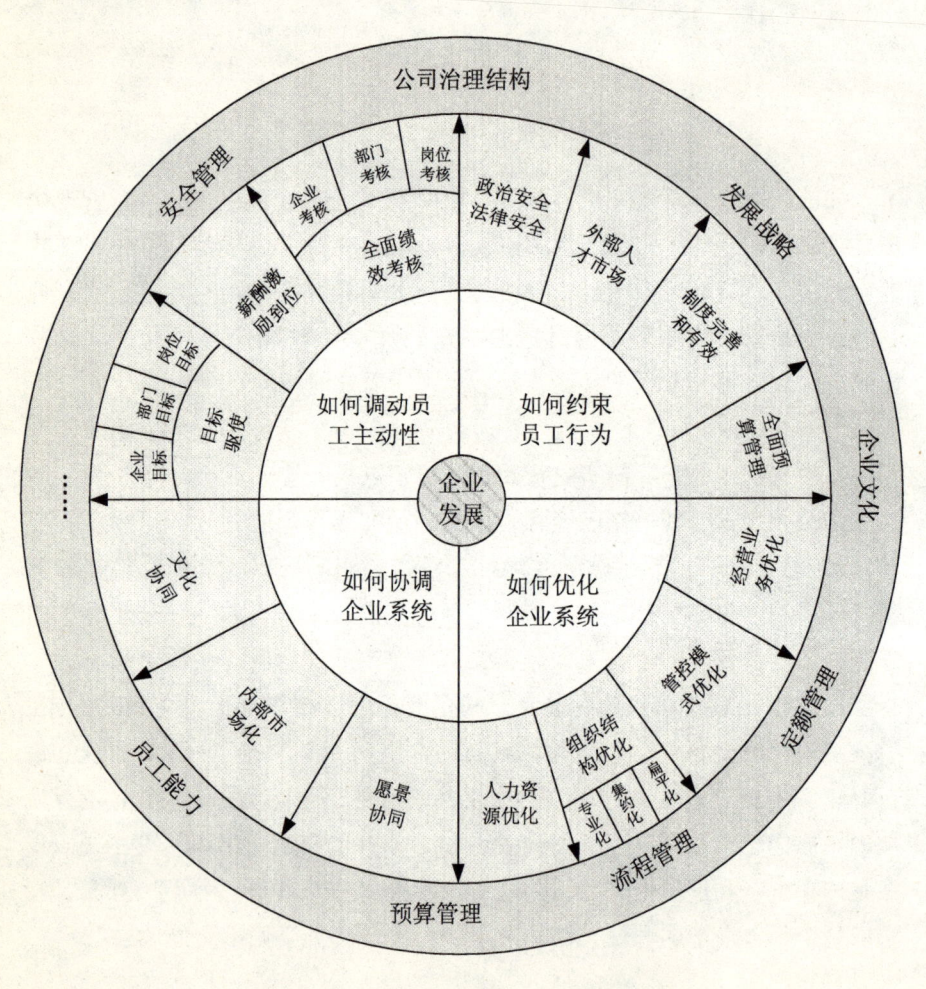

图3-5 陕北矿业经营管理机制创新图谱

陕北矿业经营管理机制创新首先在经营管理机制创新"四步法"的基础上，用图3-4所提出的经营管理机制创新驱动路径进行扫描，然后确定责任部门和完成时间，最后确定使用哪种工具和技术。该过程是一个持续改进和螺旋式上升的过程。

3.3.3 主要经营管理机制创新

2009年以来，陕北矿业在经营管理机制方面进行了如下创新，见表3-2。

表3-2 陕北矿业经营管理机制创新机制体系（节选）

层面	类别	存在问题和不足	创新后的经营管理机制要点
治理层面	管理管控	缺乏有效的管控模式，机关和职能部门定位和职责划分也不明确	公司作为生产经营中心，负责煤炭产业发展规划和生产经营管理，行使煤炭产业的战略管理、运营管理和业绩管理三大核心职能。所属各分、子公司作为生产经营中心，行使生产管理、经营管理、安全管理三大核心职能。 公司制定战略规划，并指导、监控、评估所属分、子公司战略实施。各分、子公司在公司总体战略指导下编制本单位年度生产经营计划。 公司负责整体运营管理，主要管理经营目标、成本、质量、生产技术、安全环保、运销仓储等。各分、子公司负责具体的生产组织和安全管理
	业绩考核	考核标准随意和主观性强；业绩管理体系和流程不完善	负责构建和完善业绩管理体系，制定所属各分、子公司的业绩目标，统计汇总经营数据。 评定和考核各分、子公司运营质量和业绩表现
职能管理层面	人力资源管理（部分）	人员进入随意性强；上岗不具有竞争性；对人才缺乏评价	在员工入职时，严把员工准入关。 在工程技术人员岗位竞聘的基础上，实行处级以下所有人员岗位竞聘。 员工竞聘上岗后，采取多种方式对员工进行考核评价，包括"首席员工""岗位描述能手""后备干部""大学生班组"成员选拔等。 员工在某两个专业之间考核优秀时，可以实行岗位轮换

注：此表只说明主要创新所在，详细内容可参阅陕北矿业相应的管理制度和程序。

3.4 明确职责和权限

陕北矿业围绕公司发展规划，确定公司功能定位和核心职能，进而构建公司组织机构，建立、划分部门职能，充分发挥各部门之间的整体协同作用，使公司形成了一个有机的整体。为了完成公司经营目标和提升公司经营业绩，依据公司管理需要，在部门层面科学合理地分配责权，见表3-3。

表3-3 陕北矿业职权配置（节选）

类别	公司	二级单位
战略	战略规划，并指导、监控、评估所属分、子公司战略实施	在公司总体战略指导下编制本单位年度生产经营计划
运营	制定运营管理规章制度，以及年度经营计划，监控、调查和统计各分、子公司的生产经营情况，统一协调分配资源。 制定产品质量与成本管理的标准及原则，检查、监督所属各分、子公司的相关工作。深入开展安全质量标准化建设活动。 组织煤炭业务的技术研发，制定安全生产、环境保护规章制度，并监督各分、子公司实施。 负责建设项目的业务管理，编制建设项目计划，组织审查各分、子公司的建设计划。 负责煤炭的销售。确立煤炭销售模式，建立并维护客户关系。 统一管理物流仓储	各分、子公司负责具体的生产组织和安全管理
财务	实行"财务负责人负责制"，负责管理、指导和监控财务工作。公司对委派至所属分、子公司的财务负责人实行垂直管理，并负责各分、子公司财务负责人的业务考核、奖惩和任免。 制定公司整体财务管理制度。审核各分、子公司财务管理制度，指导、监督、检查各分、子公司的会计核算和财务管理等工作，编制公司财务报表。 设立统一的资金账户，集中管理资金。 实行全面预算管理，监控、考核、评价预算执行情况。 负责审批规定限额以上的资产购置	各分、子公司按规定向公司报送财务预决算方案和各种内部报表，接受公司的日常管理、监督和检查。 各分、子公司提出资金需求申请，由公司统一划拨。 各分、子公司购置限额以下的资产，须在公司备案
人事	负责人力资源规划的制定、制度建设、员工管理与培训等工作	各分、子公司负责具体事务的执行

各部门在职责的制定过程中,紧扣"纵向控制"和"横向协调"这两条主线,根据公司业务价值链,明确各部门的部门使命、核心职能与责权,列出公司在战略实现过程中所有工作的职能单元,确保职能设置的完备性,避免出现职能真空,具体如下所述。

财务资产部

部门使命:致力于全面、及时、准确地反映公司的财务状况、经营成果和资金运营情况,提供财务分析,加强财务监督,有效控制财务风险,更好地为公司的生产经营和战略决策提供财务信息。

部门职责:

全面预算管理;

资金管理;

成本管理与资本性投资管理;

会计核算与信息披露;

财务风险管理及信息化管理;

其他工作。

人力资源部

部门使命:在公司战略目标指导下,通过对人力资源的有效管理、配置、开发和服务,支持公司经营目标的实现。

部门职责:

人力资源规划;

招聘与劳动人事管理;

职工教育与培训;

员工薪酬福利与绩效管理;

社会保险、企业年金与住房公积金管理;

职业健康管理;

员工户籍及涉外管理;

其他工作。

煤炭运销部

部门使命:致力于煤炭市场营销,煤炭运销业务和煤质管理,品牌规划与建设,全面完成公司下达的销售任务,不断提升品牌价值,努力塑造良好的企业形象。

部门职责：

运销业务管理；

市场研究与品牌建设；

煤质管理与售后服务；

其他工作。

企业管理部

部门使命：通过管理制度的规范和创新、流程的优化、绩效考核、法律事务、合同管理及信息化手段的应用，提高公司整体的管理水平和运营效率。

部门职责：

管理制度及流程建设；

经营业绩管理；

控参股公司管理；

企业信息化建设；

法律事务；

综合统计；

其他工作。

规划发展部

部门使命：在公司使命与发展目标指导下，通过对公司整体发展战略和资源配置的合理规划、项目开发以及对规划实施过程的有效管理，确保实现公司的战略目标。

部门职责：

战略规划；

项目开发；

计划管理；

其他工作。

生产技术部

部门使命：致力于持续进行生产管理优化和技术创新，有效提升煤炭开采管理水平和技术水平，提高生产效率，培育公司竞争优势。

部门职责：

生产管理；

技术管理；

调度管理；

安全质量标准化管理；

科研管理；

环境保护；

生产成本控制；

其他事项。

……

在"DOC"方法下，陕北矿业实现了以下管理提升：一是对内部管理制度和流程进行梳理、优化和再造，并组织制定了一整套企业内部管控制度；二是在机关管理人员中推行竞聘上岗制，并对20多名机关工作人员进行调整，使机关部门的管理职能得到加强；三是对机关职能部门设置进行调整和划分，进一步明确了业务范围和工作责任；四是推行了"工作日志法"和重点工作落实情况督办制度，增强了各级管理人员的责任心和积极性；五是科学制定了机关部门的月度考核项目，将考核结果与职工收入进行挂钩，保证了各项工作任务按期完成；六是大力开展"岗位描述"活动和"手指口述"活动，对机关14个部门、5个二级单位的319个岗位文本进行了修订完善，增强了职工岗位价值观念，提升了工作质量；七是以安全生产精细化管理为抓手，主动对标行业优秀企业，注重创新，抓点带面，全面提升煤炭主业各项工作的标准和奋斗目标。

第4章 组织管理精细化

公司治理决定着管理体制和利益相关者之间的相互联系方式。组织结构作为企业内部分工协作的基本形式与资源和权力分配的载体，承载着企业所有的经营管理活动，在企业发展中具有基础地位和关键作用，也是管理架构和管理模式的基础。精细化管理首要的是组织管理的精细化，陕北矿业的组织管理精细化，是在其他企业成功经验的基础上，形成的具有陕北矿业特色的组织管理精细化"7定"法。

4.1 企业治理

在20世纪80年代，在神府矿区开发的热潮中，中国人民解放军第21集团军各部先后派员参加了韩家湾煤矿、大哈拉煤矿等矿井的筹建，为以后陕北矿业的组建奠定了基础。在陕西省人民政府、华能精煤公司的大力支持下，1988年兰州军区后勤部陕北矿业管理局获得了韩家湾井田的开采权，并于当年组建了韩家湾煤炭公司。

1998年12月，根据中央军委《关于军队、武警部队和政法机关不再从事经商活动的决定》精神，兰州军区后勤部陕北矿业管理局及其所属企业整体移交陕西省，由陕西省经贸委代管，更名为"陕西省陕北矿业管理局"。2000年，陕北矿业管理局正式脱离部队编制，人员实行双向选择，多数管理干部随企业转业到地方，极少数调回部队任职。根据陕西省交接办1999年12月下发的《关于陕北矿业管理局独立经营的通知》精神，陕北矿业管理局实行自负盈亏，独立经营，一切决策均由管理局党委独立策划，初步建立起了现代企业制度。

2002年6月，根据市场发展需要及陕西省政府煤炭运销集中管理规划，陕西省第26次省长办公会议做出了《关于陕北矿业管理局实行独立经营行业管理的决定》。按照该决定精神，陕北矿业管理局由陕西省煤炭运销（集团）公司管理，仍实行独立核算。管理局成立了新一届党政领导班子，办公地点设在西安市和平路东11道巷。经营管理团队由局长兼书记1人、副书记1人、纪委书记（兼）1人、副局长3人、工会主席1人共6人组成。

2004年2月，陕西煤业集团成立，陕北矿业管理局作为发起人之一同时进入陕西煤业集团。2005年4月，陕西煤业集团有限责任公司下发了《关于陕北矿业管理局企业改制和资产重组实施方案的批复》。同年6月，陕北矿业管理局进行了公司制改革，名称变更为"陕西陕北矿业有限责任公司"，机关办公地点迁至榆林市经济开发区。改制后的公司设执行董事兼总经理为公司法定代表人，经营管理团队由执行董事兼总经理、副总经理、总工程师、总会计师，以及党委书记、副书记（兼）、纪委书记（兼）、工会主席等9人组成，建立了任期目标责任制。

2008年年底，根据陕西省煤业化工集团公司关于煤业上市的安排部署，陕西陕北矿业有限责任公司分立为陕西陕煤陕北矿业有限公司和陕西陕北矿业有限责任公司。陕西陕煤陕北矿业有限公司为陕西煤业股份有限公司的全资子公司，主要从事煤炭生产销售。陕西陕北矿业有限责任公司为陕西煤业化工集团公司的全资子公司，主要从事煤炭生产销售和煤化工项目，公司下设人力资源部、财务资产部、煤化工管理部和综合管理部四个部门和工会，其他业务由陕煤陕北矿业有限公司对口部门代管。两个公司一套领导班子，人员资产独立；党委、纪检、共青团工作分别由陕西陕煤陕北矿业有限公司党委、纪委和团委统一领导，工会工作由陕西陕北矿业有限责任公司工会委员会统一领导。

至此，陕北矿业建立了完善的法人治理结构。公司设董事会（董事分别为董事长、总经理和职工董事共3人），监事1人，董事长为企业法定代表人。经营团队由董事长、总经理、副总经理、财务总监、总工程师、总会计师与党委书记、副书记、纪委书记（兼）、工会主席组成。

4.2 组织管理演变

陕北矿业成立之初，组织结构相对非常简单。著名管理学家小艾尔弗雷德·钱德勒认为：企业长远发展需要一个明确的战略，战略实现的前提，必须有一个与战略相协同的组织结构。如果没有一定的组织结构作为基础，企业战略就无法实现。同时，组织结构必须跟着战略走，当企业战略随内外环境的变化而变化时，组织结构必须做出相应的调整并始终与战略匹配。不匹配的组织结构，会在战略实施过程中引发流程混乱，最终导致战略失效。随着陕北矿业规模、运营重点和战略的不断变化，其组织结构也经历了不断调整和重构的过程。

建矿初期，各矿井的生产部门对生产、基建、机电、安全、运输、通风等统一调度，行使着综合调度的职能。直至2007年，井下的生产调度仍由包工队负责。2005年，陕北矿业成立了生产安全技术部，调度工作列入该部管理。2006年，韩家湾矿和大哈拉矿设立生产调度机构，工作由各矿生产科代管。公司、生产矿井坚持每周一次生产、安全调度例会制度。协调、解决生产过程中的安全、生产问题。矿井坚持每天早上领导班子安全碰头会，及时处理、协调、解决当天生产中出现的有关问题。2007年7月30日，陕北矿业在生产安全技术部下设生产调度中心。

1989年5月，21集团军后勤部开办的韩家湾矿设财务科，由副团级干部负责，其他3个师办煤矿也设财会专职或兼职人员。1994年2月，陕北矿业管理局设财务处，直到2002年，期间由其兼管计划、审计、企管工作。2002年6月，划归陕西煤炭运销（集团）公司后，2004年2月，陕北矿业管理局设经营管理部，负责财务工作和企管工作，所属企业（公司）设财务科。2005年7月设独立的财务资产部，部门内部逐步设成本管理科、资产管理科和资金管理科。公司设总会计师，陕西煤业集团公司派出财务总监，监管公司财务工作。各二级单位设财务科或配备财务专职人员。2011年公司进行财务人事制度改革，实行各二级单位财务科长委派制。

陕北矿业原有神木运销公司专门负责公司煤炭销售。2009年，陕煤化集团为了充分发挥大集团管理优势，增强在全国煤炭市场的竞争力，抢占市场份额，提高抵御市场风险的能力，实现集团大物流体系建设的目标，将集团所有煤炭生产、运销公司的煤炭销售业务逐步收归陕西省煤炭运销集团公司统一管理，实行专业化统一销售。当年3月陕北销售分公司率先揭牌成立，负责集团陕北片区煤炭销售的市场调研开发、销售市场布置、运销计划编制、合同签订、客户管理、路矿客户关系协调、销售定价、货款结算、商务纠纷处理等运销业务。神木运销公司原有职能业务萎缩。

第4章 组织管理精细化

2009年神木运销公司部分人员分流，剩余人员具体负责联系销售分公司协调韩家湾矿和大哈拉矿的煤炭销售事宜，并自购自销一部分煤炭。2010年5月至2011年5月负责代销安山煤矿掘进煤。2011年6月，人员分流，公司保留，业务暂停。2012年6月公司重新启动业务，主要负责乾元能源化工公司化工原料煤和电厂燃料煤供应，并开展煤炭自购自销业务。陕北矿业公司下属各矿井设置销售科（销售部），具体负责贮煤场、磅房、装车系统管理，煤质化验等业务。

经过不断地匹配企业发展战略，截至2015年8月底，陕北矿业有生产技术部、安全监督部、机电物资部、基本建设部、规划发展部、企业管理部、煤炭运销部、人力资源部、财务资产部、行政办公室、党委工作部和纪委（与监察、审计室合署办公）等部门，其组织机构如图4-1所示。

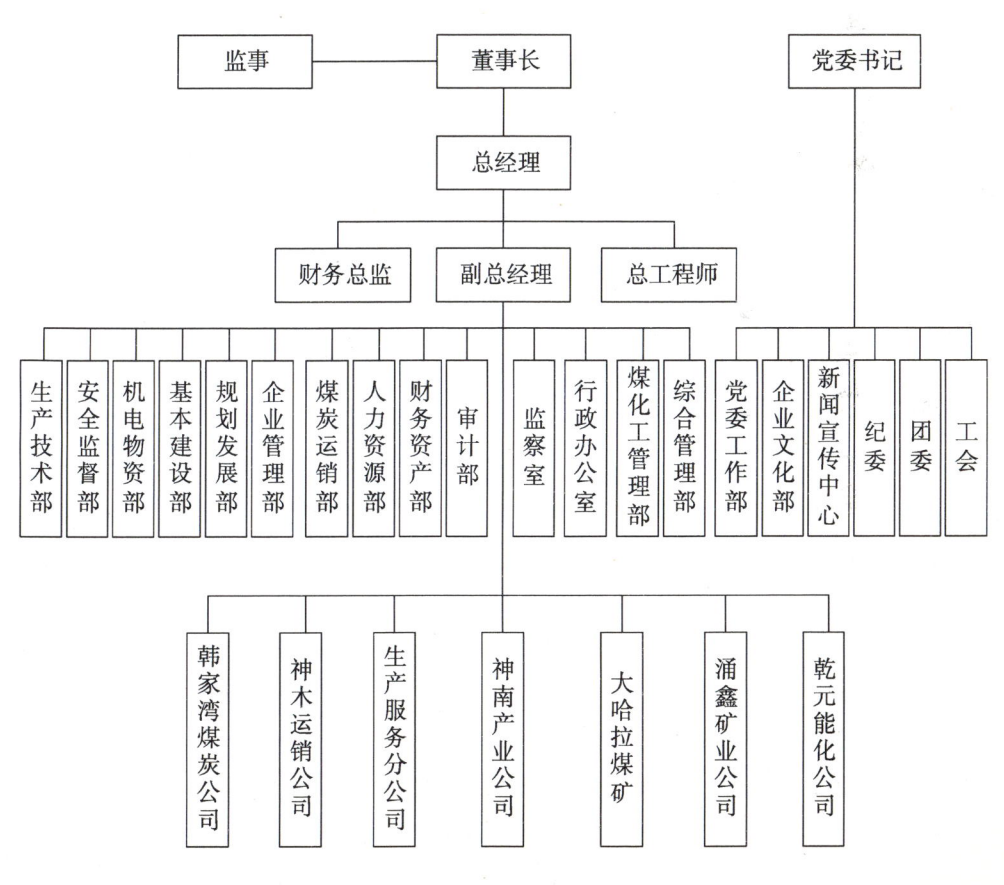

图4-1 陕北矿业组织机构

陕北矿业组织管理坚持以下原则：一是目标一致性原则。陕北矿业公司组织机构设置要以实现公司发展战略和组织目标为前提，即体现"结构决定功能，功能确保目标"的组织机构设置理念。二是分工与协作原则。组织部门划分和业务归口应兼顾专业分工与协作配合。这就要求在观念上要有整体目标和共同奋斗的意识，组织机构设置既体现专业分工，又利于不同业务的顺利接口。三是统一指挥和合理授权原则。只有实行统一领导，才能保证组织协调；只有分级管理，才有利于发挥各级组织成员的积极性和创造性，才能保证组织高效和灵活性。四是权责相等原则。组织结构设置应确保每一职位拥有的权利与其承担的责任相对等，权责对等是发挥组织成员能力的必要条件。五是精干高效原则。组织机构设置要突出主要业务及其部门和岗位设置，尽量减少次要业务部门及其岗位设置；要尽量减少管理层次，消除真空管理地带，提高信息传递速度和执行力。

4.3 专业化运营

由于历史原因和行业特殊性，煤炭行业整体管理水平相对于其他行业还存在明显差距。传统的"集团总部—矿务局—分（子）公司—矿"或者"公司—职能部门—队—班组"的管理架构，由于其职能部门重复设置、交易成本大、管理费用高和专业化程度低等，导致企业效率低下。因此，许多煤炭企业结合自身情况，在提高效率和效益上进行大胆创新，经过长期的探索和实践，形成了众多独具特色的管理模式，实现了企业的跨越式发展。例如，神华宁煤的"专业化，集约化"、神华新疆公司的"集团化运作，专业化管理"、神东公司的"专业化运营"、开滦集团的"专业化重组"等。

在这些模式中，围绕"专业化"，在企业内部进行资源重组、产权重组及业务重组；按财务、物资供应、项目建设、矿井生产、机电物资、运输销售等进行"集约化"；变革企业的组织架构，变过去的垂直管理为扁平管理；实行模块化运营，每个模块都是专业化程度较高的独立核算经济实体，相应地建立了确保每个模块独立运行和模块之间协同运行的管理制度、管理流程、管理技术及管控方法（见图4-2）。

第 4 章 组织管理精细化

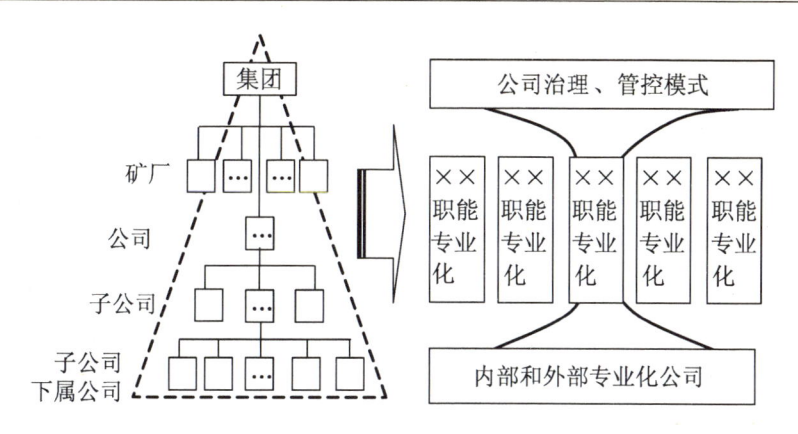

图 4-2 我国煤炭企业的专业化变革

专业化是指对企业某些业务所实施的专业管理活动。经济学鼻祖亚当·斯密认为：分工和专业化的发展是经济增长的源泉，分工的好处在于能够获得分工经济与专业化经济，提高生产效率。对于复杂的业务通过分工更有利于实现专业化，更容易形成核心竞争力。专业化运营是指企业将功能、性质和业务相近的资源集中起来，或者借助外部专业化组织，利用其专业化技能，为企业提供专业化服务，进而减少企业管理层次，节约管理费用和人力成本，提高企业效率的企业运营方式。

实践证明，要从根本上提高煤炭企业的市场竞争力，必须打破计划经济的旧体制，实施专业化运营，进行体制创新。煤炭企业实行专业化运营主要有以下作用：一是专业化运营将打破煤炭企业计划经济时期形成的"大而全""小而全"，生产和生活辅助单位依附煤炭主业的弊端；二是使"三条线管理"变得更为彻底，实施专业化运营后，专业化公司作为利润中心，更有利于强化管理；三是专业化运营更有利于在全行业、全社会进行资源、技术和人才的整合，不仅能提高煤炭企业的管理水平和经济效益，更能促进社会资源的有效配置；四是为煤炭行业培养企业家提供土壤和体制保障，过去煤炭企业的领导人具有强烈的行政色彩，"听指令、生产煤、保安全"是其主要工作内容，没心思也没精力去思考创新和变革问题，一旦实施专业化运营后，煤炭企业之间的竞争、专业化组织之间的竞争，将迫使专业化公司的领导人去创新、去变革。

煤炭企业专业化运营通常有以下几种实现途径或方式：一是部门职能专业化，对部门职能所需的人才、技术和资源进行集约化，然后再提供统一的专业化服务;二是产品专业化,现在煤炭企业常常沿着煤炭产业链进行布局,因此可以按相应的产品进行专业化,如煤炭洗选产品专业化公司、煤化工产品专业化公司和煤炭深加工产品专业化公司等;三是作业专业化,将同类作业集中起来,如专业化采掘、基础建设、机电管理、物资管理等;四是辅助业务或服务性生产专业化,将某些辅助性生产或服务性生产分化出来,进而实现辅助生产、后勤服务专业化。

上述专业化运营的结果,就是变过去的"大而全"为"小而精"和"小而强",形成一个个"拳头",让每一个专业化单位都成为具有较强竞争力的市场主体(见图4-3)。

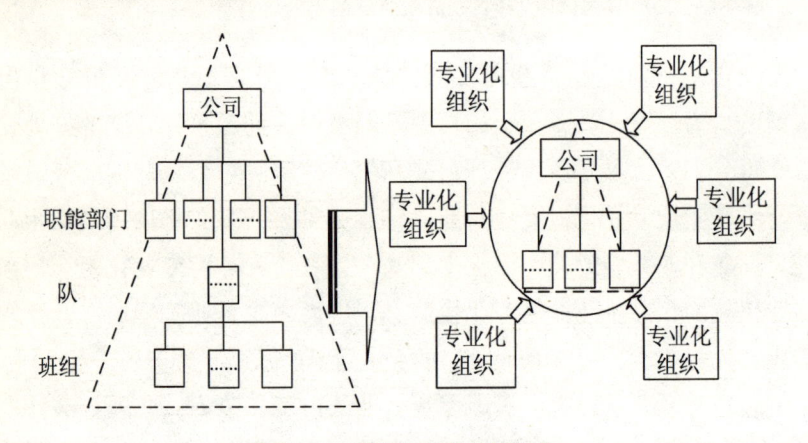

图4-3 煤炭企业专业化运作

陕北矿业在陕西煤业化工集团专业化部署下,结合自身实际情况,稳步推进自身的专业化运营。

第一,组建以掘进、联采、机电安装、搬运为主要服务功能的生产服务分公司,将韩家湾煤炭公司综掘队、连采队成建制划归生产服务中心,从事陕北矿业所属矿井工作面的安装及回撤等生产准备工作、生产巷道掘进及边角煤回收等工作。

第二,为了充分发挥规模采购优势,降低采购成本,成立了物资供应中心,各二级单位不再设立类似的物资供应机构。

第三,将职工公寓、职工食堂、职工浴池、矿区环境卫生全部由外委的物业公司专业化运营,实行契约化管理。

通过专业化运营,陕北矿业可以从繁杂的事务中抽身而出,进而有大

第4章 组织管理精细化

量时间、更多精力专注于发展核心主业和战略性产业，也能充分激发各运营主体的活力。各方都能专注于自己的特长，互有分工，又互有侧重，达到了四两拨千斤之效果。

在未来，陕北矿业专业化运营将会向纵深发展，完善和深化五大专业化运营体系，见图4-4。

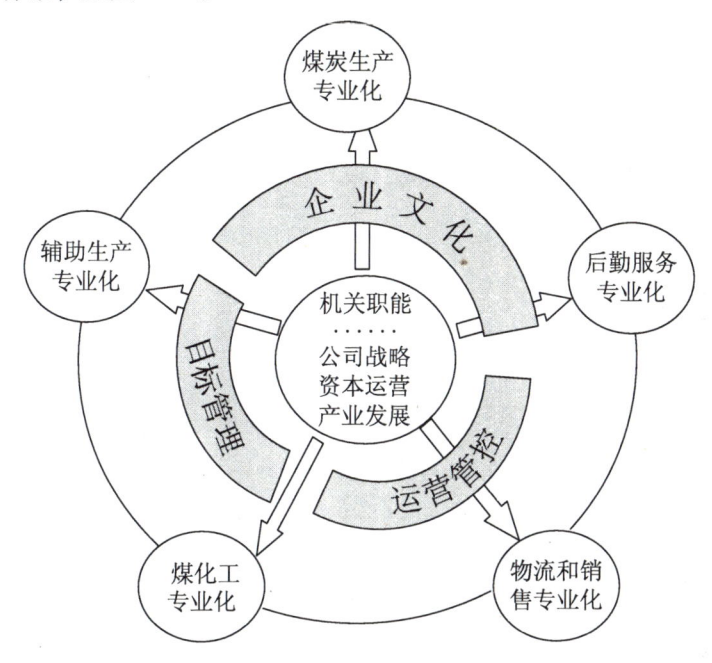

图4-4 陕北矿业专业化运营体系

陕北矿业组织管理专业化的核心在于机关职能专业化和二级生产经营单位专业化。这两者紧紧围绕目标管理、运营管控和企业文化展开。目标管理、运营管控和企业文化决定着专业化的边界和程度。其目标在于确保陕北矿业的高效和安全运营。

陕北矿业组织结构的扁平化和专业化运营提高了公司整体管控力和运行效率。为了更好地激活员工的主动性，配合陕北矿业精细化管理的推进，陕北矿业在组织结构上再次创新，大力推行组织结构的模块化，为构建内部市场化体系建立打下了基础。

随着煤炭行业竞争的加剧，企业组织形式将会发生很大的变化，传统上的科层制组织形式被自适应网络组织形式所取代。煤炭企业的每个单元都将直接面对市场，单元之间形成内部交易市场，即实现组织架构的模块化。

煤炭企业推行模块化设计，主要有以下四条思路：一是业务的模块化。煤炭企业现在基本上演变为由若干不同业务构成的集合体，按煤炭产业链进行拆分是模块化主要途径。二是职能模块化。职能模块化包括研究与发展、技术支持、财务管理、物资采购等基础职能，以及与此相关的管理性或服务性职能，如人事管理和公共关系等。三是产品（劳务）模块化。产品模块化指在煤炭生产过程中需要应用的技术、生产设备及物料等有所区别的多种产品或各种服务产品。四是市场（客户）模块化。市场（客户）模块化指对某个目标市场实体单位进行聚集，如国家或地区的分支机构或办公室。每个一级模块 M1 还可以分解为二级模块 M2，二级模块还可以进一步分解为 M3……见图 4-5。

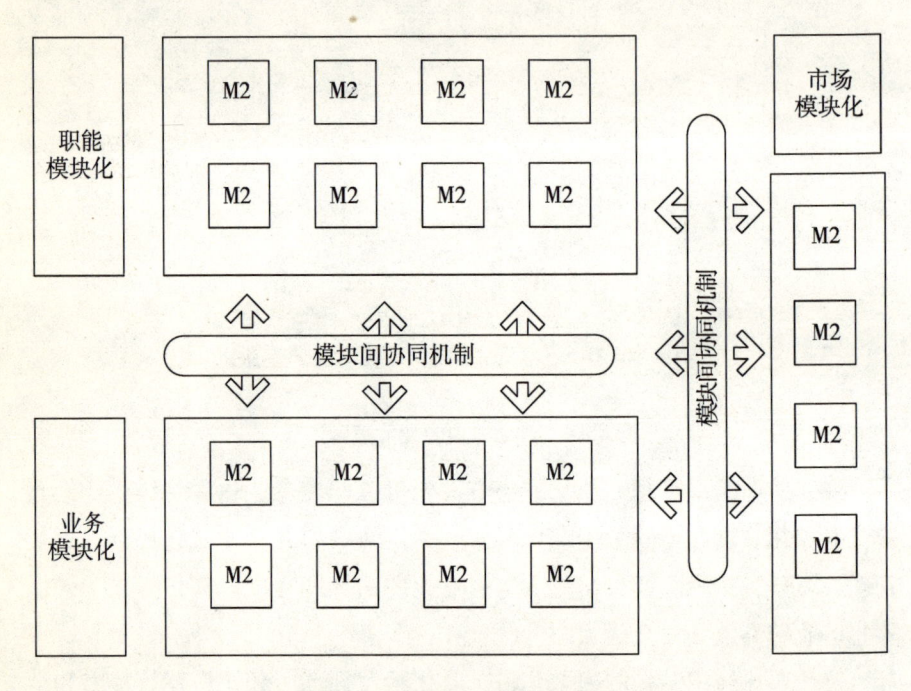

图 4-5 煤炭企业模块化路径

陕北矿业根据实际运营情况，为了强化每个主体的市场地位，将组织架构重新变革为以下模块：

经营决策模块（BDU）：这部分主要由董事长、总经理、副总经理和财务总监等高层管理人员组成。

职能管理模块（MPU）：这部分由生产技术部、安全监督部、机电物资部、基本建设部、规划发展部、企业管理部、煤炭运销部、人力资源部、财务资产部、行政办公室、党委工作部和纪委组成。

生产运营模块（OPU）：包括韩家湾煤炭公司、神木运销公司、生产服务分公司、神南产业公司、大哈拉煤矿、涌鑫矿业公司、乾元能化公司。详情见图4-6。

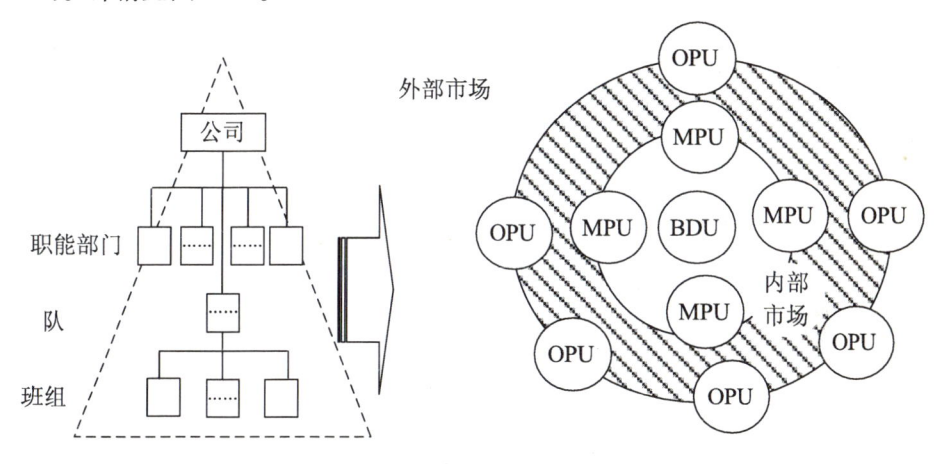

图4-6 陕北矿业模块化架构

陕北矿业的模块化运营就是在服务企业内部岗位价值核算的前提下，努力形成若干"市场主体"，明确这些核算单元的运营管理边界和职责，让这些市场主体直接面对"市场"，从而最大化地提高企业效率。

4.4 "7定"法

陕北矿业组织管理精细化，实现了组织管理的"7定"，即定岗、定编、定员、定责、定任职资格、定风险防范措施和定额。

4.4.1 定岗、定编、定员

定岗、定编是指在一定时期内根据公司既定的发展战略、生产规模，对公司的岗位设置和岗位编制进行明确。陕北矿业在明确组织机构和各部门职责的基础上，根据以下三点原则定岗、定编：一是因事设岗原则；二是最少岗位数原则；三是比例协调原则。管理人员占员工总数的比例与企业的业务类型、专业化程度、自动化程度、员工素质、企业文化，以及其他一些因素相匹配。

岗位定员是采用一定的程序和科学的方法，对确定的岗位进行各类人员的数量及素质配备。详情见表4-1。

表4-1 陕北矿业定岗、定编、定员（部分）

部门	岗位设置	定编	备注
财务资产部	财务资产部经理	1	
	财务资产部副经理	1	
	成本科科长	1	
	机关财务科科长	1	
	出纳	1	
	会计	1	
	税务会计	1	
	成本会计	1	
	小计	8	
人力资源部	部长	1	
	副部长	1	
	薪酬主管	1	
	培训主管	1	
	职称主管	1	培训主管兼
	社保管理员	1	
	人事档案管理主管	1	
	人事调配主管	1	人事档案管理主管兼
	小计	8	
运销部	经理	1	
	煤质主管	1	
	销售统计主管	1	
	小计	3	
……	……	……	……

4.4.2 定责及定任职资格

全面推行岗位描述，明确每个岗位的职责、工作标准和程序。陕北矿业把开展岗位描述作为精细化管理的着力点和追求卓越创一流的第一场硬仗。每个岗位都组织编写了岗位描述手册和组织现场验收，内容包括岗位名称、直接上级、岗位工作理念、岗位职责、岗位工作范围、岗位工作内容等。例如，财务总监的岗位说明书，如表4-2所示。

表4-2 财务总监的岗位说明书

职位名称	财务总监	职位编号	
所在部门	独立	职位定员	
直接上级	董事长	基本薪酬等级	
直接下级	各专业主管	薪酬类型	
所辖人员		职位分析日期	
职位描述			
职位目标：辅助制定企业发展战略，构建高效财务管理体系和提升企业价值			
职位职责 （1）根据企业发展战略，组织制定财务规划，负责指导财务部门制定和完善财务政策和管理制度，组织监督各项财务制度的执行情况。 （2）参与本企业重大财务事项、业务问题的决策，包括参与制订企业年度经营计划和财务预算方案，参与重大投资等业务问题的决策等。 （3）支持编制年度资金使用及运作计划、信贷计划，拟定资金筹措方案，执行所有资金调度工作，检查计划实施情况，定期编制资金运作分析报告。 （4）根据企业经营目标，指导相关人员编制财务预算，审核财务预算、成本计划、利润计划，监督企业整体预算执行情况，指导财务部定期组织财务决算。 （5）定期对企业经营状况进行阶段性财务分析与财务预测，并提出财务改进方案，向董事会提供财务分析预测报告，提出合理化建议或意见。 （6）组织制订年度审计工作计划，根据规定组织实施年度财务收支审计、经营成果审计、企业领导离职审计及重大财务违规审计工作，并提出处理意见			
任职资格			
教育水平	大学本科以上		
专业	财务管理及相关专业		
经验	八年以上大型集团企业财务管理工作经历		
个人素质	敬业，责任心强，严谨踏实，工作仔细认真		
知识	熟悉运营分析、成本控制及成本核算，具有丰富的财务管理、资金筹划及运作经验		

续表

技能技巧	具有良好的分析、沟通、表达和协调能力，能够承担较大的工作压力
职权与其他	
职权	人事权：对分管范围内人员的考核评价权及奖惩培训有建议权
	财务权：对公司财务拥有决定权
	业务权：业务监督检查权、合理化意见建议权
使用工具	计算机、打印机、Internet/Intranet 网络
工作环境	独立办公室

详情，请参阅陕北矿业的相关文件。

4.4.3 定风险防范措施

根据每个岗位的职责和业务流程，详细识别出潜在的风险。针对这些潜在的岗位风险制定出具体的防范措施，把企业风险管理真正落实在岗位上，落在具体的执行者上。例如，安全监督管理部安全检查科长的岗位防范措施，如表 4-3 所示。

表 4-3　安全监督管理部安全检查科科长的岗位防范措施

岗位名称：安全监督管理部安全检查科科长

一、安全工作易出现的偏差（失误）及防范措施

（1）对上级的要求理解不到位，导致工作出错，影响工作效率。

防范措施：不断加强安全知识学习，对领导布置的工作任务进行周密的思考，对不理解、有困难的地方要主动与有关领导沟通，对已经下达的工作任务要及时进行检查落实。

（2）由于工作思路及工作方法不正确，导致失误。

防范措施：安排布置工作时应考虑周全，并制订详细合理的工作计划。经常与同事、相关部门和领导沟通，耐心听取同事、相关部门和领导的建议和意见，有条不紊地开展各项工作。

（3）由于对党的路线、方针和政策及法律法规理解不透彻，认识不到位，影响各项工作的正常开展。

防范措施：加强政策理论及相关法律法规的学习，不断提高自己的政治觉悟和理论水平，提高政治敏锐性

续表

（4）由于工作方式不恰当，造成工作失误，影响工作的顺利开展。 防范措施：严格规范工作程序，不断转变工作方式方法，增强基层服务意识。 二、工作思路与承诺 （1）工作思路是做到三个必须：一是必须超前主动创新安全管理方法，超前预知防范各类事故，超前安排部署防范措施，要做到超前思考、超前准备、超前行动；二是必须加强学习各种安全先进理念，深刻研究分析领导对安全工作的指示，结合实际，集中精力全身心抓好安全管理，把每项工作都考虑充分，精心实施、圆满完成；三是必须提高对安全工作的悟性，高度保持对安全工作的警惕性，才能达到安全生产长治久安。 （2）遵守公司各项安全规章制度，做好领导、部门和基层的服务工作。 （3）遵守职业道德，做好安全的保密工作。 （4）按时完成领导交办的各项工作，对领导安排的工作及时回复。 （5）作为一名安监管理人员，除自身业务要精通，工作中还应做到敢抓敢管，敢说敢为，铁面无私，树立一心为公的思想和理念；以不怕得罪人、不做老好人为基准，严于执法，为公司安全工作尽自己最大的努力

4.4.4 定额

劳动定额的作用，归根结底在于调动广大员工的生产积极性，充分利用一切条件，促进企业生产发展，提高劳动效率。具体表现在以下几个方面：①劳动定额是企业编制计划的重要基础。劳动定额是计算产量、成本、劳动生产率等各项经济指标和编制生产、作业、成本和劳动计划的依据。②劳动定额是合理组织劳动与定员的重要依据。任何集体的生产劳动都必须有组织地进行，只有规定正确的定额标准，合理配备劳动力，才能保证生产连续协调地进行。③劳动定额是实行全面经济核算和完善经济责任制的工具。劳动定额是核算和比较人们在生产中的劳动消耗和劳动成果的标准。贯彻劳动定额，提高定额的完成率，就意味着降低产品中活劳动的消耗，节省人力，增加生产。通过劳动定额核算和准确地规定包干基数和分成比例，把生产任务层层分解落实到车间、班组和个人，明确其所承担的经济责任，并及时检查、督促，有利于完善和推行企业经营责任制。④劳动定额是开展劳动竞赛、不断提高劳动生产率的重要手段。贯彻先进合理的劳动定额，既便于推广先进经验和操作方法，又有利于开展"学先进、超先进"的竞赛。⑤劳动定额是薪酬分配的主要依据。劳动定额是衡量劳动者在生产中支付劳动量和贡献大小的尺度，劳动定额与报酬之间具有密切的联系。员工报酬应贯彻"效率优先、兼顾公平、按劳付酬"的分配原则，无论采取计时工资还是计件工资，都应以劳动定额为标尺。

陕北矿业在制定劳动定额的过程中，从实际出发，做好细致的调查研究工作，广泛听取群众意见，综合分析统计资料，对各项劳动定额水平进行综合平衡，逐步使编制的标准定额趋于完善和合理。

第一步，分析影响因素，确定定额项目。

标准定额也是预先为各种不同工作规定的劳动消耗量的限额。各工种（岗位）完成工作所消耗的时间，取决于影响劳动生产率的各项因素。所以，编制标准定额，首先必须对影响劳动生产率的各项因素进行分析研究。陕北矿业按影响工时消耗高低程度的主、客观条件把影响煤炭企业定额的因素分为以下三类。

（1）自然地质因素：主要指煤层的赋存条件，如煤（岩）硬度、煤层厚度、倾斜角度、煤层顶底板条件、煤层结构有无夹石、工作地含水量、淋水、涌水、有无积水等。

（2）技术因素：使用的机械设备类型和性能、操作的工具和性能、巷道布置和开采方法等。

（3）组织因素：材料供应、动力供应、矿车供应、劳动组织形式和分工协作方法等。

第二步，根据收集的定额资料，确定初步方案。

一般收集的定额资料包括实际完成的统计资料、重点工种（岗位）的技术测定资料和调研资料等。依据上述资料，进行综合分析、测算后，确定定额水平的初步方案，经征求员工意见、充实修改方案、确定定额水平后，再次进行测算、平衡，最后编制定额工作报告，报上级主管部门批准后执行。

从2011年7月1日至2012年3月31日，陕北矿业在定额编制上经历了调查、准备、编制和呈批四个阶段。为此，公司专门成立了劳动定额编制工作领导小组，组织专人具体负责实施编制工作。先以韩家湾煤矿和涌鑫公司为编制地进行现场调查、实地写实、技术测定、资料整理分析和统计分析，在倾听基层管理干部的建议后进行编制，内容涵盖委员会人员名单、工作日写实、使用说明书、回采、掘进、井下辅助、其他规定、劳动定额管理办法、劳动定额员职责条例，共 9 部分、4 章、36 节、53 个定额标准表、287 个定额。举例如下，见表 4-4 所示的"挂网定额"。

表 4-4　挂网定额

挂网定额
一、作业内容
（1）检查顶板，敲帮问顶。
（2）100m 内取运料，搭脚手架。
（3）铺展网，拧绑、固定，连接网，拆脚手架。
（4）收拾工具，填写交接班记录，交接班。
二、作业质量要求
（1）严格按作业规程施工。
（2）铺、联网接头严密牢固，网面平展。
三、标准定额

挂网定额标准表（m²/工）

序号	类别 / 巷道高度（m）	定额编号 Ⅱ-036 顶部	Ⅱ-037 帮部
1	<3	15.2	25.8
2	3~4	13.4	22.9
3	≥4	11.5	20.1

四、修正系数
（1）挂钢筋网时，定额按 0.80 修正。
（2）巷道坡度 10°以上，定额按 0.95 修正；15°以上，定额按 0.90 修正。

第5章 合同和招投标管理

煤炭企业搞精细化，不能没有重点，必须选好关键点和突破口。陕北矿业合同管理、招投标管理、机电物资管理、人力资源管理和基本建设管理一直是企业管理的薄弱环节，也是关键环节。上述内容也是陕北矿业职能管理的主要内容，本章先论述合同精细化管理和招投标精细化管理。

5.1 合同管理

企业合同管理是指企业对以自身为当事人的合同依法进行订立、履行、变更、解除、转让、终止，以及审查、监督、控制等一系列行为的总称。其中订立、履行、变更、解除、转让、终止是合同管理的内容；审查、监督、控制是合同管理的手段。合同管理必须是全过程的、系统性的、动态性的。

根据前文提出的"DOC"方法，发现公司合同管理存在以下主要问题：权责不清晰、程序不简便、关键环节控制不到位、合同签订不及时、印鉴管理不严格、合同内容不规范等。

第一，在机制创新上，进行了以下创新，见表5-1。

表5-1 合同管理机制的创新

原来的合同管理机制		新执行的合同管理机制
合同管理权限下沉。合同管理采取分级负责和专职管理相结合的形式。公司各单位应根据自身的实际情况，设专职或兼职合同管理人员，负责本单位的合同日常管理工作	转变为	实行"合同会审单"制度和全过程管理。公司对二级单位（含控股公司）签订合同实行"合同会审单"制度。二级单位未见到公司批准的会审单，不得签订合同。"合同会审单"在内部管理上与签订的正式合同具有同等作用。没有"合同会审单"，财务部门可以拒绝付款，相关部门可以拒绝办理相关经济事项

第5章 合同和招投标管理

这样，合同承办部门对合同进行全程管理，可以有效防止合同管理中出现盲点、脱节。具体内容包括：①负责审查合同相对方主体的合法性、资信情况，以及签约人员的授权情况；②谈判和起草合同文本；③在业务范围或授权范围内依照公司的规章制度履行、变更、解除合同；④及时向有关部门和领导反馈合同履行情况、发生的问题并及时解决；⑤及时向法律事务室报告合同纠纷，解决其所经办合同产生的纠纷，包括协商、调解、仲裁、诉讼等；⑥保管其经办的合同资料，建立合同档案，等等。

第二，进一步使权责更加清晰合理。首先，明确了公司法律事务室、二级单位合同管理人员、合同承办部门的职责；其次结合公司实际，对公司与二级单位的合同管理权限做了清晰、合理的界定，见表5-2。

表5-2 合同管理权限的细化及界定

原来的合同管理权限	新执行的合同管理权限
仅规定了公司审查合同的范围为： （1）以公司名义签订的所有合同。 （2）公司各单位（全资、控股子公司）签订的下列合同。 ①融资、租赁、担保、产权转让、企业重组、资产处置、对外投资等合同和其他特殊类型合同。 ②标的额在50万元以上的建设工程合同（装修、安装）、30万元以上的采购合同及20万元以上的外包服务类合同。 ③标的额在500万元以上的煤炭销售合同 （转变为）	各二级单位可以自行签订标的额不满20万元的建设工程（含装饰装修）合同、设备材料采购合同，标的额不满10万元的外包服务类合同。超过以上限额必须经过公司会审方可签订。 投融资、担保、借款、赠与、租赁、融资租赁、技术合同等其他合同必须经过公司会审。 涌鑫公司的煤炭产品销售合同、乾元能化公司的煤炭采购合同，执行公司有关定价管理制度，暂不执行合同会审制度。 签署以公司名义签订的合同和审批二级单位合同的权限明确到岗位。 ①标的额不满50万元的建设工程合同、不满30万元的物资采购合同，由公司主管领导签署或批准。 ②标的额满50万元、不满200万元的建设工程合同，满30万元、不满100万元的物资采购合同由公司总经理签署或批准。 ③标的额满200万元的建设工程合同、满100万元的物资采购合同和各类服务合同，投融资、担保、借款、租赁、技术转让、资产重组等其他重大合同，经财务总监会审，最后由公司董事长（法定代表人）签署或批准

第三，简化了流程。简化了合同会审程序，特别注意到二级单位在公司会审合同的实际困难，明确由公司法律事务室代办会审事宜，每月初与

二级单位合同管理人员交换审批原件。将流程优化为：以公司名义签订合同，由合同承办部门填写《合同办理单》中的合同名称、合同主要内容（事由、标的物及数量、合同价款及合同期限等）并签名后，附对方的营业执照、资质证明的复印件和授权书的原件，以及比价或招标通知书、草拟的合同文本、《合同相对方资信审查表》等，按《合同办理单》流程办理。该规定简化了许多不必要的会审签字，对于二级单位在规定权限内自行会审签订合同具有指导、借鉴作用。

其余的精细化部分可参阅陕北矿业的相关文件等，整个合同管理精细化路径，见图5-1。

5.2 招投标管理

根据"DOC"方法，近年来陕北矿业招标/比价管理存在的主要问题是：①比价项目公司和二级单位管理权限界定不清；②招标/比价《技术规范书》没有按审批权限签字，出现问题后无法落实责任；③招标/比价《技术规范书》的内容没有统一格式要求，随意性较大；④各二级单位未设专人负责本单位招标/比价业务，公司和各二级单位无法对口衔接，造成业务流程不畅；⑤技术方案审批、施工图会审及采购、大修设备的技术参数审定，未按规定的管理权限履行审批签字手续或形成会议纪要，造成招标/比价时技术上出现的漏洞、盲点较多；⑥未按管理权限明确比价、招标和委托招标的审批权限，造成责权不清晰。

第一，在机制创新上，进行了以下创新，见表5-3。

表5-3 招投标管理机制的创新

原来的招投标管理机制		新执行的招投标管理机制
忽视关键控制点，导致"三无工程"产生（无公开招标、施工单位无资质、施工无图纸）	转变为	关键控制点前移机制，即公司对招标/比价前的《技术规范书》和技术方案审批、施工图会审及采购、大修设备的技术参数审定，按照公司《技术管理办法》规定的管理权限履行的审批签字手续或形成会议纪要，实行以公司分管领导为主的审核制度。未按公司规定的管理权限履行的审批签字手续或形成的会议纪要，不得进行招标/比价。矿、土、安三类工程招标/比价前由公司基本建设部设置标底价或拦标价，没有设置标底价或拦标价的不得进行招标/比价

第 5 章　合同和招投标管理

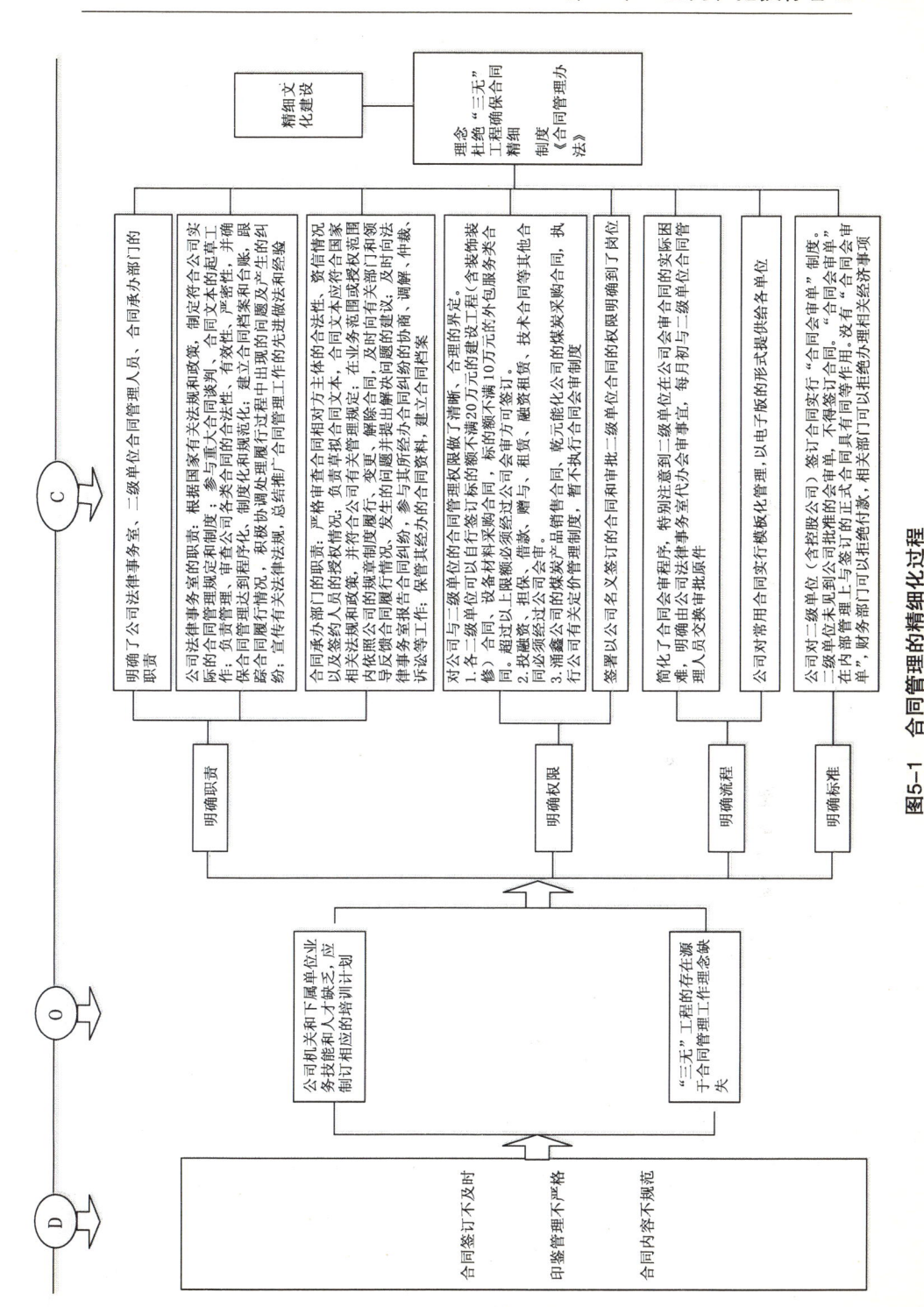

图5-1　合同管理的精细化过程

由于以前招标/比价没有《技术规范书》和技术方案审批、施工图会审制度，造成部分技术规范要求及技术方案没有详细审核，给招标/比价工作带来一定困难。招标/比价管理精细化后，杜绝了类似现象的发生。

第二，明确了岗位职责。明确划分了公司招标/比价办公室、二级单位比价管理人员、业务技术部门的工作职责。招标/比价申请表上报前，由业务技术部门填制《技术规范书》。《技术规范书》中对矿、土、安全工程，设备采购，设备大修填制的内容进行了详尽的要求。例如，设备大修项目填制《技术规范书》时，除填制设备概况、质量要求或标准、工期、历史价格或参考价格外，还必须注明必修项目或选修项目。《技术规范书》和技术方案审批、施工图会审及采购、大修设备的技术参数审定，应在二级单位上报申请招标前按照公司《技术管理办法》规定的管理权限履行完审批签字手续或形成会议纪要。要求各二级单位须相应成立招标/比价管理机构，并设专人负责本单位的招标/比价业务，起到了对上承报招标/比价业务，对下负责管理业务的关键作用。明确了公司招标/比价办公室编制招标文件评标办法时，应根据项目的技术含量合理选择技术分和商务价格分比重。技术含量高的项目技术分应占到50%~60%；技术含量低的项目商务价格分应占到50%~60%。设定了招标/比价前的价格基础。矿、土、安全三类工程招标/比价前由公司基本建设部设置标底价或拦标价，物资采购前由相关业务部门提出摸底价。

第三，细分了管理权限。根据单项合同估算价金额，对公司和二级单位自主招标/比价的管理权限做了清晰的界定：建设工程项目达到200万元、物资采购项目达到100万元、服务项目达到50万元，由公司委托集团公司指定的代理机构组织招标。建设工程达到50万元、物资采购达到30万元、服务项目达到20万元，由公司通过招标选择施工、供货、服务单位。建设工程及非生产物资采购不满20万元、服务项目不满10万元各二级单位可以自行比价。超过以上限额必须经过公司进行比价。

第四，明确审批权限。按管理权限明确了公司比价、招标和委托招标的审批权限：公司组织的比价项目，单项合同估算价不满50万元的建设工程、不满30万元的物资采购，由公司分管领导审批；内部招标项目，单项合同估算价满50万元、不满200万元的建设工程，满30万元、不满100万元的物资采购，由公司总经理审批；委托招标项目，单项合同估算价满200万元的建设工程合同、满100万元的物资采购及服务项目，由董事长审批。

招投标管理精细化后（见图5-2），消除既往弊端，立即产生了较好的经济效益。

例如，液压支架大修在公司是一个工作难点，因设备未拆解前无法清晰界定支架大修的工作量及内容，加之资金有限，导致维修单位应更换的配件改成修理，应修理的部件未修理到位。设备大修后出现质量问题，无法界定维修单位和使用单位的责任。公司对韩家湾煤炭公司83架ZY8800/23/47液压支架大修的工作量和内容，进行了反复研讨，最终确定每架液压支架大修分为必修和或选修项目。招标/比价办公室对必修项目（必须修理和必须更换）6个大类，或选修项目5个大类进行了公开招标。大修后经使用，没有以往的压架、斜架，漏液、堵液现象，而且升柱快、性能稳定、质量好，价格和以往基本持平，受到了基层职工的好评。

实践证明招标/比价通过规范的技术要求，是精细化管理的一个环节，也是推动企业技术管理创新的一种思路。

又如，2013年7月沙梁矿井筒招标前，公司基本建设部和涌鑫矿业公司通过图纸会审发现，设计院在设计辅运巷道底板时采用C40混凝土铺底，有提高设计造价的问题，通过论证改为C30混凝土铺底，降低了造价，维护了企业利益。

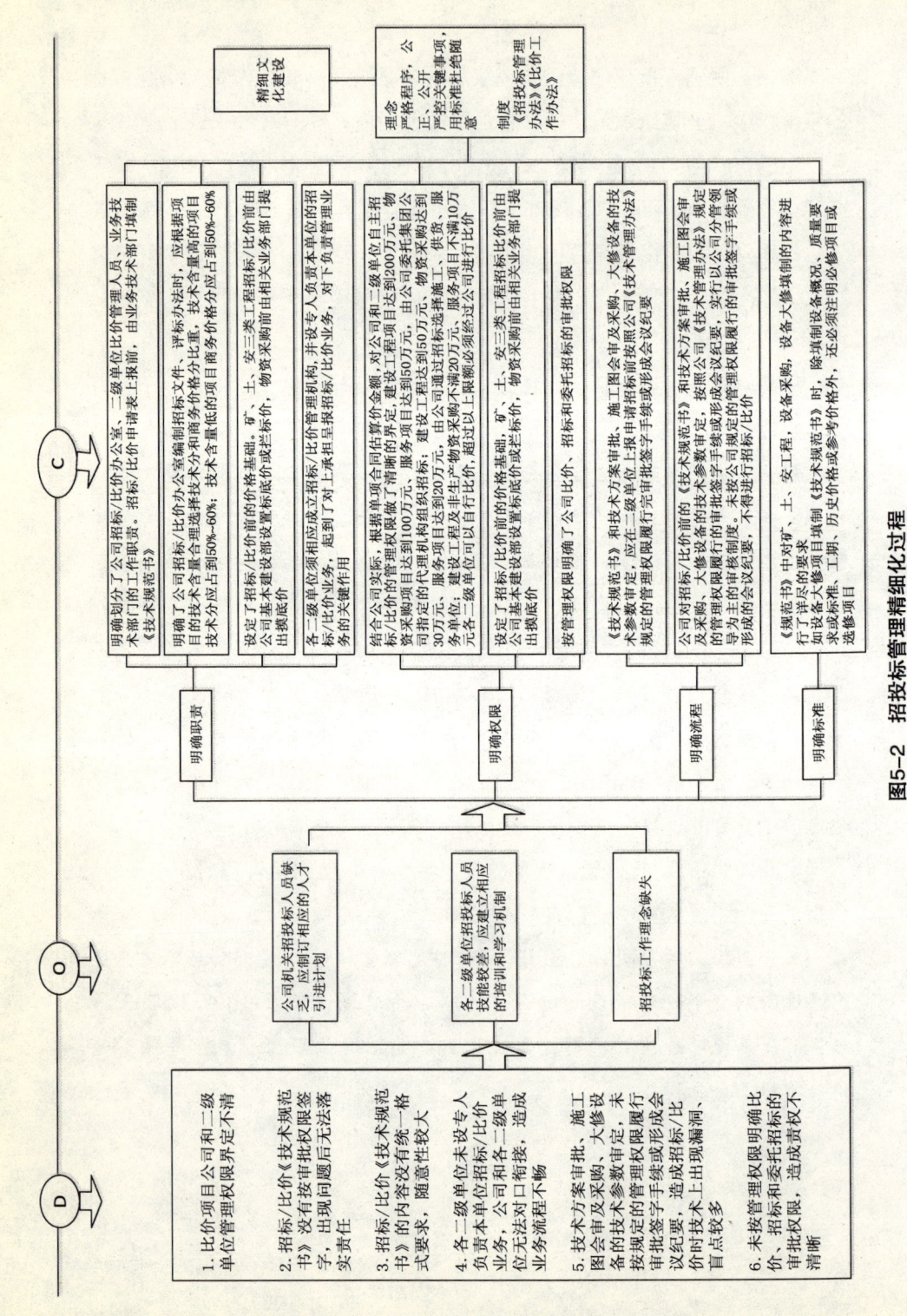

图5-2 招投标管理精细化过程

第6章 人力资源管理变革

陕北矿业规划和实施了人才兴企战略，凭借"纳天下之才，育陕北矿业人"的胸怀和气度，面向全国引进专业技术人才和管理人才；坚持以公司发展战略为导向，大力改革薪酬制度与激励机制，建立了以岗位效益工资为主体的薪酬体系；形成了以"目标绩效考核"为主的绩效管理体系；建立了人才准入、选拔与晋升的长效机制及人力资源培训管理办法。通过这些措施，既建立健全了陕北矿业的人力资源管理体系，又实现了人力资源管理的变革。

6.1 发展历程与体系形成

6.1.1 人力资源管理发展历程

二十多年来，陕北矿业人力资源管理随着企业的发展而变化，随着国家的改革、企业体制的变更不断地更新演变。2004年2月加入陕煤化工集团后，各项管理工作开始走向正轨，整体上经历了由人事与劳动工资管理为主向现代企业人力资源管理的转变。

2005年7月，随着公司改制，陕北矿业对机关职能部门进行了逐步完善，丰富了企业人力资源管理职能。为了尽快适应现代企业管理制度，2007年增设人力资源部，部室均为处级单位，配备1~2名处级干部。各二级单位都建立了相应的人力资源管理机构。

自2007年人力资源管理组织机构建立后，陕北矿业人力资源管理主要任务变化为在公司战略目标指导下，通过对人力资源的有效管控、配置、开发和服务，支持公司经营目标的实现。主要职责是人力资源规划、招聘与劳动人事管理、职工教育与培训、员工薪酬福利与绩效管理、社会保险、企业年金与住房公积金管理、职业健康管理、员工户籍及涉外管理等。

2008年年底,陕北矿业制定并下发了《人力资源工作管理办法》,人力资源管理实现了正规化。2009—2012年又进一步对内部机构设置进行了优化和完善,使人力资源管理更加科学、合理。目前,陕北矿业人力资源管理工作主要由人力资源部负责,处级以上领导干部的人事管理由人力资源部与党群工作部共同负责。

6.1.2 人力资源管理体系

在创新机制和加强基础管理的同时,根据经营管理实际情况,陕北矿业完善了各项人力资源管理工作,构建了陕北矿业人力资源管理体系。该体系主要包括人力资源规划、岗位价值核算、招聘培训、薪酬管理、绩效管理、员工发展六大内容,具体见图6-1。

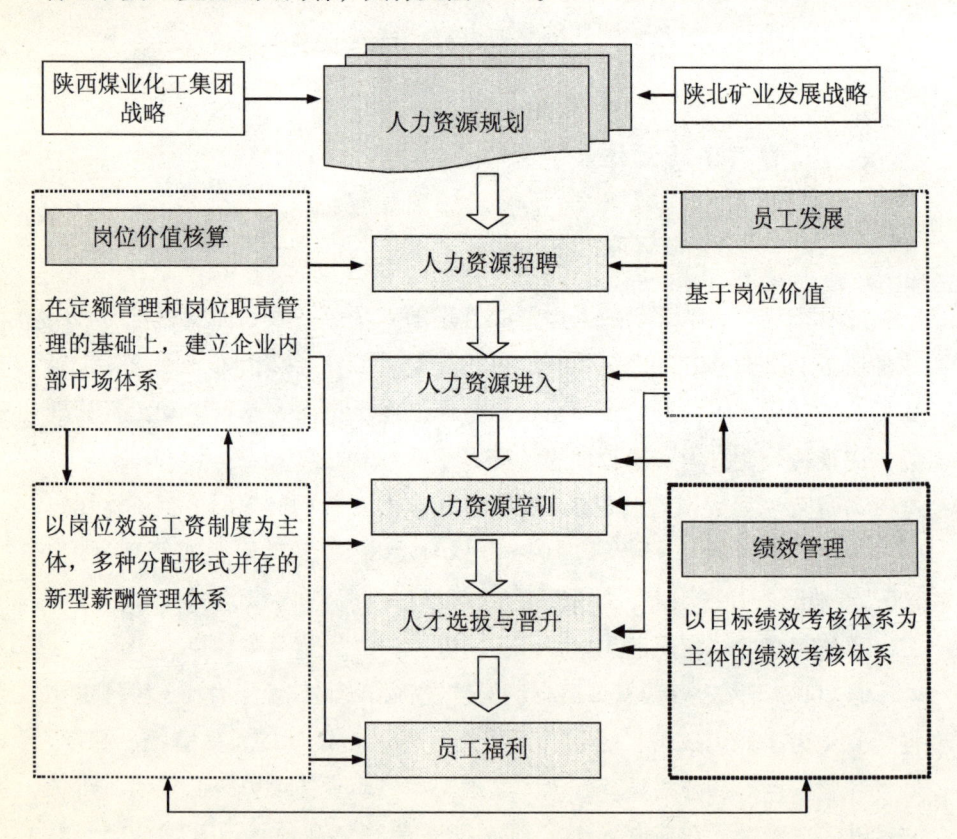

图6-1 陕北矿业人力资源管理体系

第6章 人力资源管理变革

人力资源管理体系必须是一个有机体,只要改变体系中的任何一部分,都会引起其他部分的相应改变。并且,一个企业的人力资源管理体系必须服从企业发展战略和体现其自身的人力资源管理理念。陕北矿业在进行人力资源管理体系建设中,始终把人力资源管理与企业经营战略,以及与企业外部劳动力市场情况、政策环境等方面的关系放在优先考虑的位置,坚持以战略为导向,以员工招聘、培训为主线,做到人力资源管理工作标准化。

6.1.3 人力资源管理变革

过去,陕北矿业和其他煤炭企业一样,常常讲经营管理机制创新,但常常找不到着力点和经营管理机制创新潜能发挥通道。陕北矿业作为一家军转民企业,既有计划经济习惯性行为,又有部队办企业的粗放式管理的不足。特别是在煤炭市场行情好的时候,员工根本不操心收入,上班迟到、早退现象非常严重,更可怕的是大部分员工不知道干什么。一旦煤炭市场行情下滑,更是感到茫然。降本增效是煤炭企业提高自身市场竞争力的关键,但陕北矿业和其他煤炭企业一样,过去常常一味地通过"控制费用""少花钱"等治标不治本的浅层形式来解决短期问题。

因此,陕北矿业人力资源管理变革首先围绕如何提高主动性和降本增效展开。主动性,即通过机制创新,实现员工主动工作、主动配合、主动思考和主动担当的转变,解决了主动性问题也就解决了执行力问题。降本增效,即通过激发员工创新行为来实现技术的提高、成本的降低和利润的增加。因此,陕北矿业人力资源管理变革抓住提高主动性和降本增效这两个导向,重构人力资源管理体系,见图6-2。

通过这两个导向,将经营管理机制创新和人力资源管理变革有机结合起来。经营管理机制创新主要表现为重构企业各经营环节内部,以及各经营环节之间内在联系方式,一般没有具体的载体。陕北矿业从一开始就以"解放思想"为突破口,把经营管理创新和人力资源管理紧密结合起来,通过具体的人力资源制度和方法将其固化,将经营管理机制创新的潜能充分发挥出来,见图6-3。

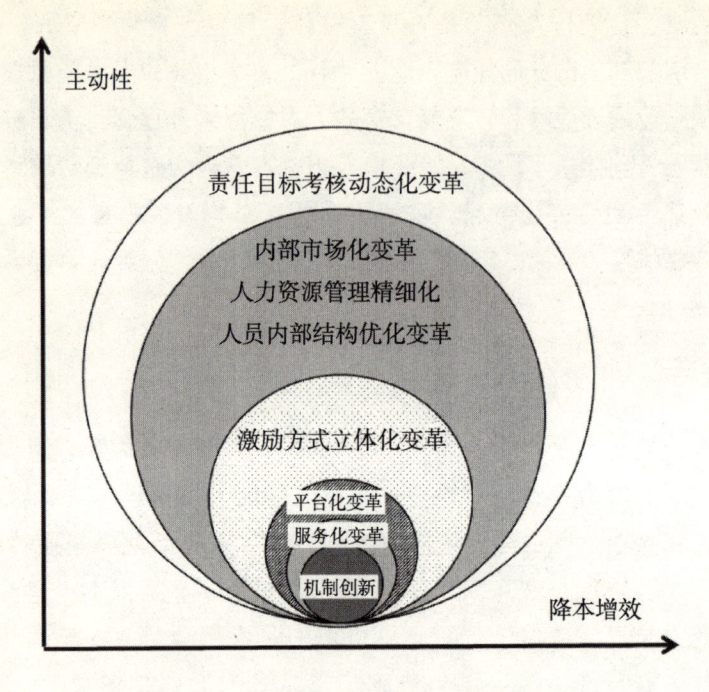

图6-2 陕北矿业人力资源管理变革导向

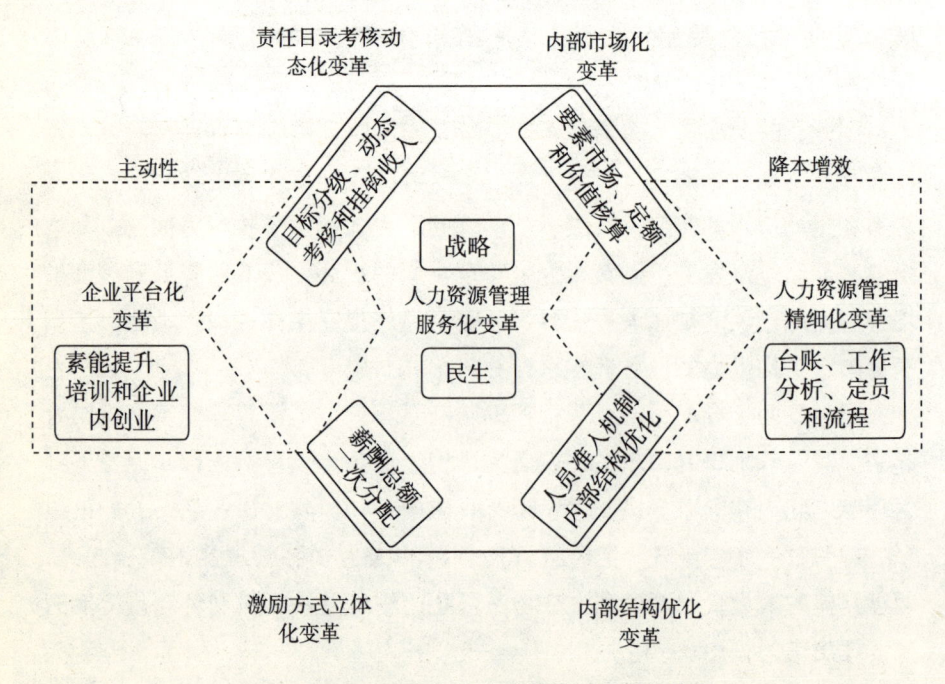

图6-3 机制创新与人力资源管理变革的结合

人力资源管理的基础信息管理对企业管理效率和水平有着重要的影响，陕北矿业在企业精细化管理总体部署下，本着如何最大限度地减少管理所占用的资源和降低管理成本，实现了人力资源管理工作精细化，完善了人力资源基础信息工作。基础信息管理是人力资源管理的基础。通过统一台账格式、细化台账内容、规范台账标准，陕北矿业累计建立了各类人力资源管理台账136个。其中，人事管理统计台账26个，薪酬管理台账28个，社保管理台账14个，员工教育培训台账36个。台账管理的不断完善，提高了人力资源管理工作效率，为提升人力资源管理水平提供了信息支持。

全面完成了陕北矿业的定岗、定编、定员。本着精准分工和细化责任，明确了企业机构、部门和岗位设置。精准分工实现了工作内容分配无盲点，"人人都管事、事事有人管"；细化责任实现了"职责—权限—岗位"的无缝衔接。依据陕北矿业本身的发展战略和业务目标及各部门、单位的实际用人需求，采取按职能和业务分工定员、按劳动定额定员、按设备开动数量定员、按岗位定员、按比例定员等方法进行了定员。在工作分析的基础上，采取"岗位标志—职位概述—任职资格—职权与其他"模型，编制了每个岗位的岗位说明书。

从制度、流程和标准方面实现了人力资源管理精细化。按照"三个简化"（简化制度、简化流程、简化层次）对人力资源规章制度进行了梳理，查漏补缺，先后制定了《劳务用工管理办法》《新进人员招录标准与管理规定》《工伤管理办法》《员工带薪年休假实施办法》《专业技术职务任职资格管理办法》《关于组建大学生班组的通知》《关于进一步扩大岗位竞聘范围的通知》等制度，做到了"用制度管人管事"。对人力资源规划、招聘、调配、薪酬、职称、劳动合同、统计、人事档案、社保、培训等业务进行逐一梳理和完善，形成上述各项业务的业务流程及工作标准。

6.2 目标考核和薪酬管控

传导和分解经营压力，实现责任目标考核动态化变革。首先，陕北矿业强化员工的主人翁意识，将部门、员工的利益和企业的利益紧密联系起来，将员工的行为和企业的行为统一起来，变"利益相关者"为"利益共同体"。其次，加强绩效管理，优化收入分配，对二级单位经营班子成员下达生产经营目标责任，制定《机关月度综合奖考核办法》，严格考核，刚性兑现；对各单位劳动工资实行总额控制管理，推行月度绩效考核办法，考核结果与工资结算、分配直接挂钩。

建立了全员经营目标责任体系。建立了自负盈亏机制，对于基层单位按照"传递压力、挖掘动力"的原则，每年年初下达经济技术指标，并签订年度经营责任状。二级单位进一步把生产经营责任层层分解落实，做到"全员身上有指标，人人有压力"。公司机关则根据职能分工和企业年度目标，全面实行目标管理，并进行动态调整。按月度和年终考核目标的责任指标完成情况对基层单位和机关进行考核。

实行目标管理下的动态绩效考核。将机关考核分为年度和月度两部分进行，分别制定了《机关部门月度综合考评办法》和《年度目标管理办法》，推行干部末位淘汰制度。干部考核末位淘汰制度，成为干部务实作为的"紧箍咒"，促使事业心不足、责任心不强、工作不力的干部转变工作态度、改进工作作风。中层干部工作上"追求卓越、争创一流"的氛围越来越浓，执行力明显增强，形成了浓厚的正义和正气的氛围，推动了各项工作的开展。两年来，该公司共有11名中层干部受到表彰奖励，4名干部受到诫勉督导和下调待遇的处罚。干部末位淘汰制度的推行，让中层管理干部"承压奋进"。一名排名末位的干部表示："这不仅仅是关系到收入的问题，更关系到帽子和面子的问题，来年必须全力以赴，把工作做好。"

全面实行岗位竞聘。制定和落实了《关于进一步扩大岗位竞聘范围的通知》，将岗位竞聘从机关处级岗位扩大到机关科级及以下管理人员和专业技术人员，二级单位科级管理人员（科长、副科长），二级单位区队管理人员（队长、书记、副队长及技术员），二级单位机关一般管理人员和专业技术人员。分年度岗位竞聘和岗位空缺竞聘两种方式，坚持公开透明、公正公平和宁缺毋滥等原则，采取公布职位、公开报名、资格审查、笔试、演讲答辩、组织考察、公示及任命等程序。通过岗位竞聘这种机制，从根本上调动员工的主观能动性，变"让我干"为"我要干"，并且工作只能干好。岗位竞聘也进一步盘活了企业的内部人力资源，形成了内部"岗位市场"，公司全体员工，不论职务高低、贡献大小，都站在同一起跑线上，重新接受陕北矿业的挑选和任用。通过岗位竞聘，让有真才实学的员工有了用武之地，优化了人力资源配置。

将工资总额与考核结果挂钩。陕北矿业将工资待遇与考核结果紧密结合起来。第一,明确工资总额与目标责任指标的挂钩比例。例如,韩家湾煤炭公司工资总额构成比例分别为原煤产量占70%、掘进进尺占10%、工效占10%、成本占10%。涌鑫矿业公司工资总额构成比例分别为原煤产量占50%、掘进进尺占10%、工效占10%、利润占30%。第二,规定了具体的结算办法,原煤、进尺分别由完成任务情况直接进行单价结算;当月实际工效比考核指标每降低2%,结算工资部分下浮1%;当月实际成本比考核指标每超2%,结算工资部分下浮1%;当月实际利润比考核指标每降低100万元,结算工资部分下浮5%。通过这种机制创新,充分调动了员工的积极性,更重要的是让"降本增效"落了地。

实行薪酬总额"双总额"管控。变过去一味地通过"涨工资"激励方式为"内部岗位竞争、按贡献分配"等多种激励方式,实现了激励方式的多层化和立体化。薪酬总额"双总额"管控,既管控各基层单位的工资总额,又管控各单位机关的工资总额。工资总额管理坚持以产定员,以效率、效益确定工资水平;坚持工资总额的增长幅度不高于经济效益增长幅度,实际平均工资增长幅度不高于劳动生产率增长幅度;坚持按劳分配,收入分配向苦、脏、累、险岗位和关键技术、管理岗位倾斜;坚持生产单位的工资水平不下降等原则。对工资总额实行分类管理,实行吨煤工资含量包干、百元营业收入含量包干和工资总额预算控制三种方式。例如,对韩家湾煤炭公司、涌鑫矿业公司和乾元能化公司工资总额按照单价进行阶段结算;对公司机关、大哈拉煤矿、神木运销公司、包头运销公司实行工资总额预算管理,等等。实行薪酬总额"双总额"管控,一方面合理控制人力资源成本;另一方面充分发挥工资分配的导向和激励作用。薪酬总额"双总额"管控下,年内增人不增工资总额,减人不减工资总额,变过去二级单位"向公司要人"为二级单位如何"发挥现有员工潜能",也进一步控制了人员规模。

优化内部分配结构。在工资总额控制和保持工资稳定的前提下,调控好各类人员的收入比例,工资收入分配继续向苦、脏、累、险岗位和关键技术、管理岗位倾斜。按照地面、井下辅助、采掘一线人员的收入不小于1∶1.5∶2的比例进行合理控制,保证重要管理岗位、关键技术岗位和苦、脏、累、险岗位人员的收入不降低。明确了工资发放顺序,按照先采掘一线，再井下辅助，最后地面和机关的顺序，以及先基本工资再奖金的顺序进行发放。

薪酬具体分配决策权下沉，推行了岗位效益奖二次分配。一是将工资的具体分配与审批权限下放到了二级单位；二是提高首次分配比重，降低二次分配数额，大幅压缩各类奖金发放；三是公司机关实施了月度综合效益奖二次分配，各部门根据工作重点、个人工作任务完成情况、个人绩效考核情况等，对月度综合效益奖进行二次分配，确保分配公平合理。

6.3　内部结构优化

多轮驱动实现人员内部结构优化变革。按照"既相马又赛马""严把人员进入关""结构优化"的原则，采取多种方式实现人力资源结构优化。

根据《工作说明书》，设置了人员进入条件。例如，公司招录用的管理和专业技术人员必须具有中级以上专业技术职务任职资格及五年以上相关工作经验；能够独立完成本专业的业务，胜任本职工作并具有相应的从业资格；年龄要求在 40 岁以下，特殊需求人才可放宽至 50 岁。新建项目严格按照国家有关部门规定的变招工为招生的原则，操作岗位上的工人要求大专学历不低于员工总数的 1/3，管理和专业技术岗位人员本科以上学历不低于 2/3。公司招录用的高校毕业生必须具有本科以上学历；公司部分急需的煤炭、煤化工专业可以放宽至大专学历，但大学毕业生新入职后必须分配到工人岗位工作。以上所指学历均为第一学历。

管理并控制了企业用人规模。本着精简高效的原则，生产单位严格按照人均原煤产量 1 万 t 的标准进行定员，出台了《生产服务分公司定编定员方案》《涌鑫矿业公司定编定员方案》，并严格按照定编定员方案进行人员配置。

优化企业内部人力资源配置。把陕北矿业各个二级单位视为一盘棋，从企业层面来配置人力资源。针对大哈拉煤矿机械化改造的现状，对大哈拉煤矿接近 50% 的人员进行了分流，将分流人员补充到其他二级单位急需的岗位上，控制了人员的增加。人力资源内部流动既实现了资源的最优利用、节省了成本，又促进了文化的融合，较好地支撑了陕北矿业企业文化的培育。

6.4 企业平台化变革

构建以企业内创业为宗旨的企业平台化变革。本着留人的最好方法就是如何让员工在企业内创业的理念，变陕北矿业为"人人有奔头、人人能提升、人人能创业"的员工发展平台。

完善了各类人力资源培训平台。人力资源培训是企业人力资源开发的根本途径，是提高企业管理水平的重要手段。陕北矿业培训紧紧围绕企业发展战略，以全面提高员工综合素质为主线，以强化安全培训为重点，规范管理、改进方法、严格过程。按照"归口管理、分级负责、逐级落实"的原则，建立健全员工培训体系，全方位、多层次地广泛开展员工培训工作。一是完善了员工教育培训的相关基础管理工作，对培训档案进行了整理，完成了三项岗位人员和班组长的信息采集工作。二是根据集团公司的要求，顺利完成了远程教育系统的调试与安装。三是狠抓安全管理人员、特种作业人员等各类安全生产人员的培训工作。四是开办了各类学历教育班，包括 MBA 班、采矿大专函授班、机电本科函授班、机电专业脱产培训班等学历提升班。积极开展以师带徒、职业技能鉴定、岗位描述、手指口述、职工技术比武、首席员工等活动，为职工成长、成才搭建了广阔的舞台，全面提升了职工队伍的整体素质和劳动技能。近年来，公司累计完成各种培训达 24 000 人次，为 845 名职工进行了职业技能等级鉴定。

为新进大学生提供成长平台。陕北矿业新分配大学生必须到基层区队车间工作 1~3 年以上，在公司定员许可的情况下，方可进入公司或二级单位机关工作。首先，在生产服务分公司组建了陕北矿业第一支大学生班组队伍，然后在韩家湾煤炭公司、涌鑫矿业公司等生产矿井都组建了大学生班组。让大学生尽快落地，也加强了人才队伍建设和加快了人才培养速度。

建立人力资源管理技能提升平台。一是通过季度工作例会、月度专题会、业务交流、外出培训的形式，提高了人力资源队伍的整体素质和业务水平。二是通过对标学习，学习先进单位的工作经验，提升了自身的业务能力。三是推行了人力资源岗位轮换制度，逐步完善"2+1>3"岗位轮换模式，即所有人力资源专业管理人员必须最少熟练掌握两项主要业务，同时依据个人专业爱好选择另外一项主要业务。轮岗时间以年度为单位，每年轮换一次，考核不达标者不得轮换，连续两次考核不达标者实行末位淘汰。连续两次考核优胜者推荐为本单位后备干部。通过多个岗位轮换与实践，使人力资源专业管理人员能够胜任不同的工作，逐步具备"一职多能"的专业技能，从而进一步提升综合素质。

变工作平台为职业生涯发展平台。在人力资源调研的基础上，根据公司生产经营发展需要、组织结构体系、岗位要求、职位晋升通道，分析每个员工的性格特点、个人喜好、职业愿望、优势和缺陷，为员工设计有针对性的、有重点的、切实有效的职业生涯规划，努力做到管理和专业技术人员通过职称评聘、职务晋升、学历教育等多种通道发展，操作工人通过职业技能等级提高来发展，并根据员工的业绩及测评结果在不同阶段提供相应的训练与指导。为此，陕北矿业完成和实施了《员工职业生涯规划》。

第一，通过两年一届的"首席员工"评选，每年一次的技术比武活动，不定期开展绝技绝活评选，每年两次以上的岗位描述竞赛活动，每年一次的劳务工转正式工等选拔专业技术人才。首先狠抓职工队伍素质提高。其次在规范职工行为上，推行"一签到，二点评，三排查，四学习，五抽背，六分工，七宣誓"为主要内容的区队班前会"七步工作法"和准军事化管理；在安全素养培养上，建立了三级煤矿安全培训站，加大对新职工的安全知识培训和在职职工的安全技能培训。利用每周的区队安全活动日，扎实开展安全宣传教育活动。在生产矿井实施了安全生产精细化和安全质量标准化管理。在职工业务技能提高上，实施了学习日记、职工技术比武、师带徒、首席员工评选等。

第二，狠抓管理干部素质提升。公司出台了《中层领导班子及管理人员考核办法》《后备干部管理办法》《人才强企战略实施意见》《优秀人才培养管理办法》等规章制度，建立了"能进能出、能上能下、用好留好、充满活力"的人才工作新机制，使各级管理干部从培养、选拔、使用到考核、激励做到了制度化管理。

第三，公司积极搭建优秀人才脱颖而出的平台。明确了干部管理权限，对管理干部实行了分级管理，在公司机关引入了干部竞聘上岗；推行了财务科长委派制；试行内部招聘制度，在领导干部中推行了末位淘汰制；规定了"大中专学生见习期必须下区队到车间方可择优竞聘上岗""提拔任用科级管理干部必须有基层工作经历"的刚性要求；拉高了招录公司职工的门槛；对 51 名管理干部实施了 MBA 培养计划，对 47 名非"煤"专业大专生进行了脱产再培养，加紧培养招聘煤化工等企业急需人才。

通过一系列得力举措，公司人才队伍的年龄、知识、专业结构不仅趋于合理，而且一批经过基层锻炼、有实际工作经验的业务骨干大步走上了管理、技术和技能岗位，激活了各种人力资源要素，为公司快速、多元发展提供了强劲动力。

变企业为学习平台。积极营造学习氛围，各单位充分利用各类会议和集中学习时间、《简报》、广播站、电子屏、牌板等，在机关和矿区营造了浓厚的氛围，引导广大干部职工进一步转变思想观念，自觉把思想和行动统一到公司党政的安排部署上来；举办各类研讨会，成立了陕北矿业经济研究室，到先进矿井参观学习，邀请专家举办了多次管理知识培训班，等等。

6.5 服务精细化

以企业转型为突破口，实施人力资源管理服务化变革。陕北矿业在服务企业发展战略的前提下，积极推进自身的服务化变革，变"管理"为"服务"，全面提升了企业人力资源管理工作的效率。

人力资源管理为企业发展服务。围绕公司"人才强企战略"，稳步推进了"11121"人才强企计划。该计划的主要目标是培养造就：①100 名职业素质好，市场意识强，在企业管理等方面具有较高造诣的复合型职业经理队伍；②100 名综合素质好，具有战略决策能力，正确履行出资人职责，实现国有资产保值增值的资本运营队伍；③100 名综合素质好，熟悉生产经营，具有丰富党务工作和群众工作经验的党群干部队伍；④200 名精通业务的专业技术人才队伍；⑤1000 名爱岗敬业，技艺精湛，具有专业技能，善于解决技术难题的高技能员工队伍。"实现一个转变、达到三个提高、建设五支队伍"。"实现一个转变"就是要实现传统的干部管理工作向现代人力资源开发管理的转变。"达到三个提高"就是要提高领导班子的整体管理水平，提高管理人才队伍的综合素质和管理能力，提高人才队伍的管理创新能力。"建设五支队伍"就是职业经理队伍、资本运营队伍、专业技术人才队伍、党群干部队伍和高技能员工队伍。

人力资源管理为员工服务。由于陕北矿业下属单位分布在榆林市两县一区，基层单位到机关办事交通不便，因此陕北矿业强化服务意识，积极贯彻"三个一"，即上下一家人、工作一次办到位、每个月深入基层解决问题一次。陕北矿业实施了六项惠民政策：一是落实好员工子女同等条件下优先就业政策；二是落实好员工带薪年休假制度；三是解决好员工榆林市落户问题；四是完善员工医疗保障制度；五是落实好劳务工转合同工政策；六是在考核指标完成的前提下，确保一线员工收入不降低。

实现社保管理规范化与标准化，全面提高服务员工质量。一是继续做好社会保险政策的宣传服务工作，规范社保办理流程，与各有关部门、所属单位搞好沟通与协调，建立健全个人台账，完善各类统计报表；二是要提高社会保险参保率，在非职工本人原因造成无法参保的情况下，实现养老保险参保100%；三是要提高服务员工的质量，为员工做好住房公积金和医疗保险的支取、报销等工作，住房公积金实现次月可核对个人账户余额，医疗保险实现每月报销。

严格落实员工带薪年休假制度。规范了带薪年休假工资的发放标准，将年休假工资在工资表中单列，保证员工享受带薪年休假待遇。

通过人力资源精细化，员工思想观念得到很大改变。达到了一个目的，即让每一个在陕北矿业工作的员工看到了希望，特别是让那些脚踏实地工作的员工看到了希望，陕北矿业是自己实现人生理想的平台。实现了"五个转变"，即由被动服从向主动参与转变，由"等靠要"向"争抢挣"转变，由"低要求"向"高标准"转变，由外在物质激励向内在自我激励转变。营造了"三种氛围"，一是学习氛围，员工能主动利用公司提供的平台，积极提升自身素能；二是形成了"岗位靠能力、收入凭贡献、有为就有位"的创先争优氛围；三是创新氛围，创新蔚然成风，员工队伍整体素质明显提高，促进了企业管理水平大幅提升。

第7章 基本建设管理

在煤炭企业生产发展过程中,基本建设是扩大再生产的主要手段。近年来,陕北矿业坚持以项目支撑发展,不断扩大经营规模,2009—2013年新增固定资产6亿多元,实现了"一枝独秀"(韩家湾煤矿)到"五朵金花"(韩家湾煤矿、大哈拉煤矿、安山煤矿、沙梁煤矿和乾元能化)的战略布局和发展态势。通过强化基本建设管理,提高了项目投资管控水平。例如,总共投入资金2.8亿元的韩家湾矿井产业升级项目,仅用了一年就收回了投资成本。

7.1 日常管理规范化和程序化

2009年3月16日前,陕北矿业基本建设管理由公司技改工程部负责,公司总工程师担任技改工程部部长,设三名副部长,两名科长。2009年3月16日后基本建设管理由公司规划部负责,2011年4月8日增设基本建设管理部,基本建设管理部设经理、副经理、科长等管理人员,对各二级单位基本建设工作进行协调、指导。

各二级单位在基本建设过程中设筹建处,筹建处设主任(正处)、副主任、总工程师等,由筹建处主任统一管理;筹建处下设工程安监部、机电部等相关部室。

制度是基本建设管理的基础,制度精细化就是紧扣"管用"这一核心,制定的各项措施符合实际情况,要简单易行,要抓住要害和精准到位。陕北矿业于2011年颁布的《基本建设管理办法》,对工程开(复)工报告审批、计划统计、安全管理、质量管理、进度管理、投资管理、验收管理、档案管理等工程各方面进行了规定。但是,仍然在职责和权限方面存在较多不明确的地方,根据"三个简化",根据公司及各所属单位实际情况,2013年基建部分别制定了《基本建设管理补充规定办法》《工程预算审批管理办法》《井巷工程风、水管路施工管理办法》《工程预算定额选用管理办法》等基本建设管理方面的规章制度，使其更有指导性和操作性。从根本上规范了公司的项目管理，使基建项目管理规范化、程序化、制度化，为保证项目质量和进度，提高项目的投资效应提供了切实可行的办法和依据。

7.2 标准管控到位

标准管控原理表明各项工作要有标准，要尽量杜绝随意性，要实现公平与公正，用技术标准、管理标准、作业标准、流程标准等实现对各个节点的管控。首先，对陕北矿业机关和二级单位的基本建设管理岗位进行了工作分析，规定了相应的素能标准和工作职责；其次，制定了图纸会审业务流程及工作标准、标准化工程业务流程和工作标准、单位工程竣工验收业务流程和工作标准、工程预算业务流程和工作标准、建设项目竣工验收业务流程和工作标准、项目建设实施业务流程和工作标准，建立起了基本建设流程管理体系；再次，规定了关键事项的管理标准和技术标准。

例如，原《基本建设管理办法》在定额选取上规定如下：定额选用由基建部根据国家有关规定确定。工程预算以清单计价为主，20万元以下的小型工程可采用定额计价。矿建及设备安装工程执行2007煤炭定额及其配套的取费文件和计算规则；土建及园林绿化工程执行《陕西省建设工程工程量清单计价规则（2009）》《陕西省建设工程工程量清单计价费率》《陕西省建筑、装饰、安装、市政、园林绿化工程价目表》《陕西省建设工程施工机械台班价目表》《陕西省建设工程消耗量定额（2004年)》，若有变动，公司另行确定。

新的《工程预算定额选用管理办法》规定如下：井巷及设备安装工程，执行2007年《煤炭建设井巷工程消耗量定额》和《煤炭建设机电安装工程消耗量定额》及2007年《煤炭建设井巷辅助费综合费定额》《煤炭建设工程施工机械台班费用定额》和相对应的取费程序和取费标准。土建、园林绿化工程，执行《陕西省建设工程工程量清单计价规则（2009）》《陕西省建设工程工程量清单计价费率》《陕西省建筑、装饰、安装、市政、园林绿化工程价目表》《陕西省建设工程施工机械台班价目表》《陕西省建设工程消耗量定额（2004）》，以清单计价模式计价，取费执行相对应的取费程序和取费标准。修缮项目，执行2001年《全国统一房屋修缮预算定额》及相对应的取费程序和取费标准，可选用定额计价。

7.3 六位一体

第一，决策科学，从源头确保项目投资的高效性。

过去无论是专项工程还是质量标准化工程，从方案编制到审定，缺乏专人负责和反复推敲。往往方案还不成熟，就匆匆忙忙上会，参加会议的人多数会前对方案不了解，会上无法表态。有些人碍于情面，不愿意提不同意见。有些项目的方案甚至是施工单位从自身利益出发编制的；有的项目甚至先有工队，后有方案，开工了还没有签订合同和确定造价。这很难保证项目实施是必要的，也难保证方案适用、经济和可行。因此，陕北矿业规范了基本建设程序，在项目开工之前，搞好项目的可行性研究。

在项目实施中，严格按既定程序办事，强化了方案的审批。公司要求所有计划实施的项目，必须进行方案审查。造价在300万元以内的方案由基层建设单位总工程师组织审核，300万元以上的项目由公司总工程师组织审核。方案审核必须有会议纪要，坚持谁审批谁负责的原则。

例如，韩家湾在实施井下避难硐室内部装饰时，专门去兄弟单位参观后拿出了方案。公司审查时，认为方案虽然实用美观但很不经济，并对方案进行了修改，最后该项目造价由325万元调整为80万元。要求各单位严格遵守集团公司及陕北矿业的基本建设管理程序，严禁"无计划、无资金、无合同"三无工程开工，否则，财务部不予安排资金计划，公司对建设单位的责任人进行问责。通过规范各项决策程序，杜绝了"三无"工程。

第二，打破原有预算管理模式，变纯室内作业为室内外混合作业。

从前，陕北矿业把预算员都当作内业人员，甚至预算员也认为预算应该坐在办公室编，工程量照图计算，子目和取费照定额套，材差按信息价计，不需要再费什么心。其实编制预算，不仅要看懂图，还要熟悉施工工艺和施工方案。工艺不同，施工方案不同，造价肯定不同。这就要求预算员必须深入现场调查材料价格、了解施工环境、确认可行的施工方案和工艺，这样编制的预算才更真实准确。

例如，编审沙梁矿三条井筒的标底预算时，陕北矿业在熟悉施工图基础上，对施工地的环境、主要材料价格进行了了解。按施工图编制，三条井筒的全额预算为 11 300 万元。为了有效控制造价，对图纸进行认真复查，认为设计不太经济，提出取消风井底板硬化，将锚喷厚度由设计的 150mm 改为 100mm、副井底板硬化厚度由设计的 C40 降为 C30、厚度由设计的 300mm 改为 250mm、水沟断面尺寸由 450×450 改为 300×300、涌水量由 10m^3/h 改为 5m^3/h 的优化建议。方案优化后，经过讨论比较，把总价下浮了 3% 作为拦标价，造价由最初的 11 300 万元变为 8600 万元，核减 2700 万元，核减幅度 23.9%。这次标底编审，不仅为公司节省了大笔投资，而且还发现和纠正了施工图中存在的不少问题，锻炼和提高了自己预算人员的能力。

在预算管理方面，规定所有工程在招标前必须审定拦标价。拦标价审定必须规范、合理。对甲方提供排水、通风、供电、皮带运输情况的井巷工程，相关费用时据实扣除；对需要设定永久性风、水管路的，一次设计施工必须到位，避免二次施工造成浪费。

第三，强化造价管理、努力发挥业主应有的作用。

过去在项目实施中，公司比较被动、懒惰，认为图纸是设计单位设计的，标底预算是造价公司编制的，招投标工作也是集团招标公司代理的，都是有权威、有资质的单位，为了省事没有必要过问。况且从业务能力方面说，也不敢轻易去质疑人家，只是把重点放在了施工管理上。不能否认，通常业主方技术人员的专业知识不是很全面，但也不能过分地迷信设计单位，依靠设计人员保证设计方案的适用、安全、经济，这是远远不够的。首先，设计责任终身制，使得一些设计人员为了避免因为设计产品出现重大质量问题而承担设计责任，有意加大设计的安全系数，从而人为地增大了工程投资。其次，设计方案优化过程需要设计人员经过反复分析讨论比较，由此支出的成本通常得不到补偿。而目前设计收费多数是按投资的百分比计算的，使得造价越高，设计单位的收入越多，设计人员的提成也越多。这就在客观上影响了设计单位进行方案优化及评审的积极性。此外，现在的施工图审查机构只审查设计文件是否正确，并不审查设计是否最佳、最优，达不到优化设计的目的。

因此，陕北矿业改变以往做法，在方案审定上下功夫，既要依靠设计人员，又不能盲目迷信他们。尽管陕北矿业基本建设管理人员自身的理论水平和专业知识比不上设计人员，但必须把方案搞清楚、问明白，把陕北矿业的疑惑和意图在实施前表达清楚。

例如，在乾元能源化工公司二期场平项目实施中，作为业主，陕北矿业从方案设计、标底审查到招投标方面做了大胆尝试。场平方案设计时，设计单位最早提供的方案是一个平面。挖方量为344万方，而且外购土方201万方。看到这个方案，陕北矿业感到很吃惊。那里地形起伏较大，周边高、中间低，相对高差28m。首先外购201万方土，无法落实。其次这么大的工程量，购土、挖运、摊铺、碾压，总价不会少于6000万元。陕北矿业当即否决了这个方案，要求设计人员重新优化设计，力争挖填土方趋于平衡，缩短工期，降低投资。设计院按陕北矿业的要求做了调整，挖方量为218.8万方，缺土76.3万方。但是，仍不理想。最后，建议设计人员打破原来的思维模式，根据生产工艺，布置两个平面，适当调整坡度。经过多次沟通，最后挖方量调为179.26万方，缺土20万方。工程量减少了一半，既满足了工艺要求，又减少了投资。

在审核标底预算时，陕北矿业发现按正常预算，每方价格达18.78元，场平造价为3367.2万元。预算本身确实没有问题。陕北矿业通过对市场实际价格调查，感觉标底预算偏高，利润空间太大。近180万方土，单价差一元，就要相差180万元。经过研究，陕北矿业大胆地对标底进行了调整，把单价减少6.58元，总价减少1162.89万元。为了进一步有效控制价格，陕北矿业把标底价改为拦标价，报价不得超过拦标价，否则视为废标。在审核招标文件时，陕北矿业认为这个工程只有挖运、摊铺、碾压三道工序，技术含量小、前期投入少、管理方便，也没有太大的安全压力，选择施工单位可以侧重于价格。因此陕北矿业对招标文件进行了修改。通常招标，商务标占40~50分，而这个工程，陕北矿业将商务标调为60分，技术标调为40分，以平均报价为基准，每超平均价一个百分点扣一分。这样从评标规则中堵塞了哄抬价格、高价中标的漏洞。开标后，陕北矿业发现没有一个废标，中标价比设定的拦标价还少224万元！

第四，严控关键事项，实现了招投标管理精细化。

过去，陕北矿业招标/比价管理存在的主要问题是：比价项目公司和二级单位管理权限界定不清；招标/比价《技术规范书》没有按审批权限签字，出现问题后无法落实责任；招标/比价《技术规范书》的内容没有统一格式要求，随意性较大；各二级单位未设专人负责本单位招标/比价业务，公司和各二级单位无法对口衔接，造成业务流程不畅；技术方案审批、施工图会审及采购、大修设备的技术参数审定，未按规定的管理权限履行审批签字手续或形成会议纪要，造成招标/比价时技术上出现漏洞、盲点较多；未按管理权限明确比价、招标和委托招标的审批权限，造成责权不清晰。

陕北矿业针对上述问题，一是明确划分了招标/比价办公室、二级单位比价管理人员、业务技术部门的工作职责。二是结合公司实际，根据单项合同估算价金额，对公司和二级单位自主招标/比价的管理权限做了清晰的界定：建设工程项目达到200万元、物资采购项目达到100万元、服务项目达到50万元，由公司委托集团公司指定的代理机构组织招标；建设工程达到50万元、物资采购达到30万元、服务项目达到20万元，由公司通过招标选择施工、供货、服务单位；建设工程及非生产物资采购不满20万元、服务项目不满10万元各二级单位可以自行比价。严控关键事项，对招标/比价前的《技术规范书》和技术方案进行审批、施工图会审及采购、大修设备的技术参数审定，按照《技术管理办法》规定的管理权限履行的审批签字手续或形成会议纪要，实行以分管领导为主的审核制度。未按公司规定的管理权限履行的审批签字手续或形成的会议纪要，不得进行招标/比价。矿、土、安三类工程招标/比价前由公司基本建设部设置标底价或拦标价，没有设置标底价或拦标价不得进行招标/比价。评标办法应根据项目的技术含量合理选择技术分和商务价格分比重。技术含量高的项目技术分应占到50%~60%；技术含量低的项目商务价格分应占到50%-60%。标书形成前要征得业务技术部门及纪检部门的同意，否则不允许发放标书。

例如，2013年7月沙梁矿井筒招标前，基本建设部和涌鑫矿业公司通过图纸会审发现，设计院在设计辅运巷道底板时采用C40混凝土铺底，有提高设计造价的嫌疑，通过论证改为C30混凝土铺底，降低了造价，维护了企业利益。

第五，强化过程管理，确保"四控制、两管理、一协调"。

以前，在施工过程的管理方面也存在不少盲点。工程技术人员不想承担责任，机械地照图施工；施工组织设计和施工方案流于形式；施工前不能按规定逐层进行安全技术交底,甚至对一些违章作业放任自流;缺乏通盘考虑,事前控制不够,事中把关不严,事后补救不力,导致变更频繁,投资加大。为了改变上述做法,工程开工后陕北矿业进行了质量、进度、投资、安全四个方面的控制,进行了合同和信息两个方面的管理,并对现场进行各种协调。

在工程质量方面,认真执行国家相关文件及建筑法律、法规,工程资料均按要求整理,程序规范,工程质量合格,无任何安全事故。

例如,安山矿主平硐及延伸段井巷工程取得了国家煤炭工业质检总站评定的优质工程;安山矿地面生产系统产品仓、筛分车间、栈桥土建工程被陕西建设工程质量监督中心评定为优质工程;韩家湾矿公寓楼工程被煤炭工业陕西建设工程质量监督中心评为省级文明工地。

工程技术人员要经常深入施工现场,检查、指导和解决施工过程中出现的各种技术问题,确保工程安全顺利进行;要对照质保措施和安全作业规程进行检查验收,及时有效地查处安全质量隐患;要按时举行工地例会和技术例会,积极协调内外关系,解决施工中存在的问题。工程技术人员要加强业务学习,积极借鉴和推广应用新工艺、新技术,确保项目安全、快速、高效实施。

第六,强化基本建设信息管理。

一是组织专人收集相关工程造价的市场信息,利于验证预算的合理性;二是由于工程档案是工程建设过程和建设成果的真实反映,陕北矿业对建设工程的勘探、设计、预算、开工报告、结算、施工等资料进行了分类、细化和收集,切实加强了工程档案的管理,确保了工程档案完整和准确。

第8章 "三算一本"财务管理

陕北矿业财务管理推行"三算一本",即全面预算管理、岗位价值核算、内部结算体系和重大成本支出管理。陕北矿业全面预算管理经历了以实物预算到价值预算为主的转变,逐步建立健全了相应的预算管理体系。岗位价值核算是陕北矿业精细化管理的重中之重,确立了"一个目标、一种推进方法、一种机制和三个基础"的岗位价值核算体系。通过加强内部市场核算和成本管理,有力支撑了企业降本增效。

8.1 全面预算管理

首先,推行全面预算管理。一是实现了预算编制精细化。重新设置了表格,完善了基础资料。首次引入了弹性预算,要求各单位按照三种业务量(乐观、悲观、基准)上报预算,供公司决策层选择,真正体现了所确定预算的精准性。二是实现了预算控制精细化。规定各单位所实施的项目必须有预算,对未纳入的项目,所有部门不得给予支持,尤其财务部门不得安排资金计划,并将追究相关责任人的责任。同时,完善了预算的调整制度,规定预算调整方案必须经公司不同级次人员审批,确定了预算调整时间等。实行了预算预警机制,有效地控制了预算指标,保证了预算不超支。三是实现了预算考核工作精细化。陕北矿业强化对公司机关职能部门的考核,将职能部门控制的预算指标完成情况与月度部门绩效考核挂钩,未完成预算指标扣除该部门当月一定比例的绩效考核得分,督促各部门增强控制预算指标的责任心。

其次,加强对二级单位的考核。公司预算管理机构分单位性质确定各单位的关键控制点,将预算指标的完成情况与月度工资结算挂钩,确保各类经营目标的实现。

第 8 章 "三算一本"财务管理

陕北矿业全面预算管理体系为组织职责子体系、预算指标子体系、标准定额子体系、预算流程子体系、考评奖惩子体系和实施保障子体系六个部分，见图 8-1。

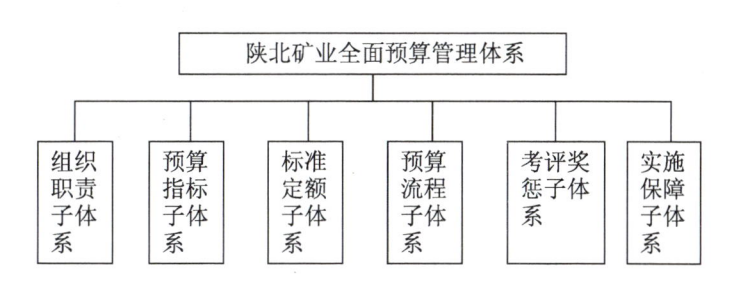

图 8-1 陕北矿业全面预算管理体系

组织职责子体系由决策层、职能管理层、执行层和监督层的组织机构和职责构成，是全面预算管理顺利推行的组织保障。

预算指标子体系由经营预算指标、投资预算指标、筹资预算指标和财务预算指标组成，是全面预算管理控制的基础。

标准定额子体系由材料定额、劳动定额和费用标准等定额标准组成，是预算编制的依据。

预算流程子体系由预算编制、执行分析、预算调整、考评奖惩四个环节组成。

考评奖惩子体系由考评原则、考评主体、考评内容、考评标准、考评方式和奖惩兑现组成，是提高全面预算管理水平的有效手段。

实施保障子体系由人力资源保障、信息化保障、运行机制保障和企业文化保障等组成，是全面预算管理顺利推行的重要前提。

8.2 岗位价值核算

近年来，尽管陕北矿业管理水平得到很大的提升，但仍然存在以下问题。一是"公平性"问题没有从根本上得以解决。尽管陕北矿业在公司机关层面建立起了动态目标绩效考核体系，但是在基层特别是区队层面员工考核还缺乏科学合理的评估方法，导致评优、提干和转正等环节人为主观性太强，这在很大程度上影响了基层员工的积极性。二是岗位薪酬确定还缺乏科学依据。多年来，煤炭行业受煤炭价格高涨的影响，员工薪酬自然是水涨船高，调薪的基础基本上取决于外部环境和同行的水平，基本上还没有建立起以"按岗位价值"为基础的薪酬体系。更为重要的是市场变化带来的压力还没有有效传导给各岗位员工。员工在很大程度上还存在"等靠要"思想，认为经营压力是领导操心的事情。在市场经济条件下企业追求效益最大化，每个员工、每个环节、每个岗位都是由经济关系作纽带。陕北矿业还没有把目标成本落实到岗位上，把压力传导到员工身上，还没有形成"人人都是经营者，岗位都是利润源"的经营理念。

因此，为推行岗位精细化管理和薪酬分配改革，更好地发挥薪酬分配的激励与约束机制，充分调动广大员工的工作积极性，必须进行岗位价值核算及精细化管理。

陕北矿业韩家湾煤矿实施了岗位价值精细化管理，见图 8-2。

3 项管理	全员安全管理、全面质量管理、全面预算管理
3 个体系	绩效考核体系、岗位价值核算体系、薪酬管理体系
1 个平台	信息化平台

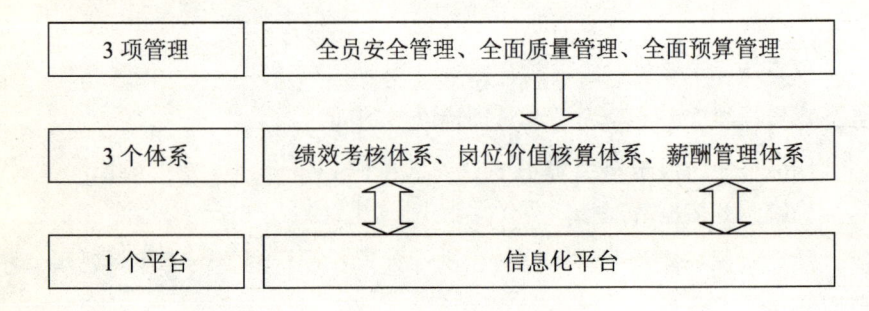

图 8-2　韩家湾煤矿岗位价值精细化管理运行模式

按照"先易后难，稳步推进，逐步提升"的思路，建立"331"岗位价值精细管理模式。以"3 项管理"为基础，推行"3 个体系"，通过"1 个信息化平台"形成公司岗位价值精细化管理系统。

"3 项管理"，即全员安全管理、全面质量管理、全面预算管理。"3 个体系"，即绩效考核体系、岗位价值核算体系、薪酬管理体系。"1 个平台"，即信息化平台。

8.2.1　绩效考核体系

绩效考核是岗位价值精细化管理有效实施的切入点，韩家湾煤矿各层级考核按以下层次进行。

韩家湾煤矿绩效考核体系分为三个层级，第一层级是公司对部室、

第8章 "三算一本"财务管理

区队考核,主要依据有关考核办法对部室、区队进行考核,形成区队及部室绩效;第二层级是区队、班组对各岗位的考核,形成岗位绩效;第三层级是班组(岗位)对个人的考核,主要是通过ABC卡考核,形成个人绩效。

韩家湾煤矿对部室按业务分工情况进行考核,按照谁主管谁负责的原则,实行一酬多挂考核机制;区队考核指标主要由安全质量结构工资考核(安全基础管理、质量标准化)、销量、煤质、误时、精细化、党建工作、成本、材料费考核构成;韩家湾煤矿岗位绩效考核是根据安全(50%)、质量标准化(40%)、协作(10%)由当班跟班队干以实际情况进行考核;韩家湾煤矿个人绩效考核围绕行为规范展开,所有区队均采用"433"绩效考核模式,即安全素养占40%,执行力占30%,个人素质占30%。上述流程见图8-3。

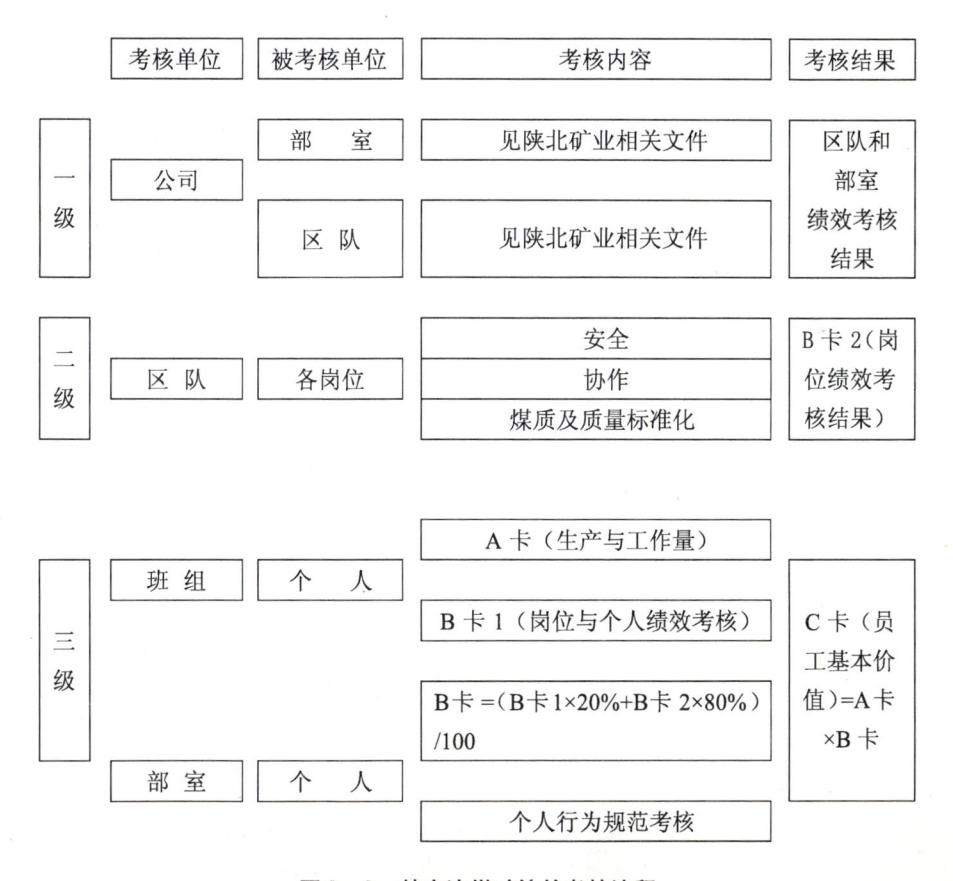

考核单位		被考核单位	考核内容	考核结果
一级	公司	部室	见陕北矿业相关文件	区队和部室绩效考核结果
		区队	见陕北矿业相关文件	
二级	区队	各岗位	安全 协作 煤质及质量标准化	B卡2(岗位绩效考核结果)
三级	班组	个人	A卡(生产与工作量) B卡1(岗位与个人绩效考核) B卡=(B卡1×20%+B卡2×80%)/100	C卡(员工基本价值)=A卡×B卡
	部室	个人	个人行为规范考核	

图8-3 韩家湾煤矿绩效考核流程

8.2.2 岗位价值核算体系

根据工作性质、工作任务、占用设备等情况,以及消耗材料和配件情况,对全公司区队每个岗位分类:区队划分为 27 个精细化管理岗位、125 个工种类别,见表 8-1;依据劳动技能、劳动责任、劳动强度、劳动环境进行综合打分,对岗位进行岗位评估;每个区队成立以队长为组长,班组长、技术员、员工代表为成员的岗位评估小组,每个测评成员按照评估模型完成评估,依据赋予测评人员的权重计算得出岗位评估系数。采用统计资料分析法测定岗位材料定额,形成岗位材料定额表。

表 8-1 韩家湾煤矿司岗位名称及岗位工种对照表

单位	序号	岗位名称	岗位工种
综采队	1	采煤机岗	采煤机司机、采煤机检修工
	2	液压岗	液压支架工、液压泵站司机、支架检修工、泵站检修工
	3	三机岗	三机工、三机检修工
	4	皮带岗	综采皮带司机、综采皮带检修工
	5	支护岗	端头支护工
	6	电工岗	采煤电钳工
	7	运输服务岗	井下运输司机
	8	综合岗	区队管理人员、办事员、材料员、综采验收工
机运队	9	皮带运转岗	井下皮带司机、地面皮带司机、仓上皮带司机、井下皮带检修工
	10	电工岗	井下电钳工
	11	水泵运行岗	排水工、主泵司机
	12	变电运行岗	井下中央变配电工、地面 35KV 变配电工、井下电工
	13	主扇运行岗	主扇司机
	14	运输服务岗	井下运输司机
	15	综合岗	区队管理人员、办事员、材料员

续表

单位	序号	岗位名称	岗位工种
通维队	16	瓦斯岗	井下瓦斯检查员、监控监测工
	17	密闭岗	井下密闭工、巷道维护工
	18	消尘岗	井下灭尘工
	19	测风测尘岗	井下测风工、井下测尘工
	20	井下卫生工	井下卫生工
	21	运输服务岗	井下运输司机（工具车、三改四）、井下铲车司机
	22	综合岗	区队管理人员、办事员、材料员、仪表修理工
机电维修队	23	电工岗	地面电焊工、地面电工、地面钳工
	24	水暖岗	水暖工、司炉工、污水处理工、水质化验员
	25	充电岗	充灯工、矿灯维护工
	26	车间服务岗	起重机司机、叉车司机
	27	综合岗	区队管理人员、办事员、材料员

工作量（A 卡）是个人工作量卡，考核员工生产任务，记录员工当日工作量分数。A 卡包括个人工作量得分和班组工作量得分、岗位评估系数、个人技能系数（员工 A 卡得分 = 班组工作量得分×岗位评估系数×个人技能系数/当班出勤人员岗位评估系数之和）。绩效考核（B 卡）包含岗位绩效考核（B 卡 2）和个人行为规范考核（B 卡 1）。其中岗位绩效考核包含安全、质量标准化、协作、（煤质）服务等考核要素，个人行为规范考核包含安全素养、执行力、个人素质等考核要素。B 卡是岗位绩效考核与个人行为规范绩效考核加权平均值 [B 卡 =（B 卡 1×20% + B 卡 2×80%）/100]，反映了员工工作的综合素质。

员工基本价值（C 卡）是 A 卡、B 卡分的乘积，即指员工个人工作量经安全、质量标准化、协作、煤质、服务质量、个人行为规范等考核要素作用后的综合分数，是员工基本价值的体现。C 卡从高到低进行排名，从中按"三工"并存动态转换比例选出优秀员工、合格员工和潜力员工。

岗位价值系数是岗位材料消耗的考核指标。岗位价值系数是岗位计划消耗和岗位实际消耗的比值。岗位价值系数＞1，计划消耗大于实际消耗，岗位材料结余，岗位增值；岗位价值系数＜1，计划消耗小于实际消耗，岗位材料超出，岗位减值；岗位价值系数＝1，计划消耗等于实际消耗，材料消耗平衡。

岗位价值是员工的基本价值（C卡）与岗位价值系数的乘积，是工作量、安全、质量标准化、协作、煤质、服务质量、个人行为规范、材料消耗等要素的综合体现。

8.2.3 薪酬管理体系

实行工资总额包干办法，按照效益、公平、合理、激励四大原则，将工资分为基础工资（基本工资、岗薪工资）、效益工资（计件工资）和津贴、补贴三部分。核定工资总额包括岗位工资、工龄工资、学历工资、职称工资、带薪休假工资、加班工资、班中餐、入井津贴、夜班津贴、边远地区工作性及生活性津贴、通信补贴、安全风险抵押金、劳动竞赛奖及其他一次性奖励。

韩家湾煤矿对区队工资结算实行单价结算（一部单价、二部单价）、定额工作量结算、绩效考核结算相结合的形式；综采队实行单价结算，搬家倒面期间按定额工作量结算，机运队、通维队实行单价结算，机修队实行单价结算和定额工作量结算，销售部实行单价结算。区队管理人员工资由公司统一考核计算，根据当月生产任务实际完成情况及考核结果按系数分配，区队个人计分依据绩效考核及三工转换情况执行，工资按个人计分进行分配。

机关部室工资分配依据当月考核系数结合职务（岗位）系数及日综合考核计分进行效益工资分配，部室绩效工资基数按4000元执行，日综合考核计分由各部室负责人依据员工个人行为规范绩效考核标准计分。

8.3 内部市场结算

激活岗位活力，实现内部市场化变革。岗位是企业的细胞，只有激活每个岗位的能动性，才能充分激活企业的潜能。激活岗位的关键就是建立一套测算岗位价值的方法，并形成企业内市场，用市场手段盘活资源和最优化利用。

内部市场机制，就是将企业内部各单位和各岗位按市场化要求形成市场经济的关系，借助于市场的自动调控能力，实现企业优化生产要素配置。陕北矿业在内部核算方式上可以实行五级市场主体运作，一级是公司机关部门，二级是矿级，三级是区队、科室，四级是班组，五级是岗位。在会计核算方面，各主体以自身作为核算单元，采用内部市场核算方法进行收支计算。一级市场采用岗位价值评价和绩效考核相结合进行结算。二级市场按照产品和服务价格结算，通过结算中心相互划转费用。采用材料结算单、设备租赁结算单等作为结算方式。三级市场采用内部结算票据模拟会计核算。四、五级市场主要采用打分法核算。各级市场主体层层细化，预算指标逐级、逐项得到分解，市场效益显著。

内部结算体系突出以"材料供应、设备租赁、设备维修、内部运输、劳务结算"为五大项目的内部市场要素，逐步深入和延伸要素项目，不断扩充内部市场化要素内容及范围。结算价格是内部市场正常运行的基础和保障，制定内部结算价格应力求价格准确、全面、合理，并编制成册，内部发行。同时，根据内外部市场的变化情况，及时对价格体系进行修订和增删，使价格趋于合理。内部市场价格种类主要有：①编制价格，以劳动定额和材料定额为依据；②市场价格，以社会市场价格为依据；③协议价格，由内部市场主体协商确定；④现场写实价格，既没有统计资料价格，又没有劳动定额和材料定额的价格，通过现场实测确定；⑤竞标价格，通过竞标产生的价格，等等。无论是哪一种价格种类，最后都要根据实际确定为内部市场结算价格。

建立健全了定额管理体系。一是提升对现有劳动定额标准的执行力度，依据科学合理的定额标准，优化组织机构，减少工时损失，提高工时利用率，实现内部市场化运作，体现按劳分配。二是在原有定额的基础上，把地面经常性和普遍性的工件加工类定额，经过写实、测时、统计、分析也纳入矿井劳动定额标准手册中来进行管理。编制了《公司矿井统一劳动定额标准手册》，在实际应用过程中，大大减轻了工作量，使得结算程序、结算标准、结算方式更加规范。《公司矿井统一劳动定额标准手册》为内部市场化运作体系的建立奠定了基础。

8.4 成本控制6策

一是牢固树立"过紧日子"的思想。各单位要积极开展形势教育，在引导大家清醒认识外部经济形势、公司生产经营压力的同时，把大家的思想统一到增收节支、降耗提效上来，发动职工，依靠职工，共同应对挑战。广泛动员开展小改小革、修旧利废活动。树立"节支就是增收，修旧就是创效"的管理理念，鼓励职工积极投身到小改小革和回收复用、修旧利废活动中，从节约一滴水、一张纸、一度电、一颗螺钉做起，从日常细节做起，培养并形成良好的节约习惯。

二是坚持"设计是最大的节约"理念，着力在系统设计、采场设计、支护设计、采掘接替上实行优化设计方案，调整矿井生产布局，降低生产成本。从采掘设计入手，合理设计采掘布局，避免出现无效掘进。例如，通过专家论证，安山煤矿将回采巷道的胶运顺槽、辅运巷、回风巷高度及宽度有限度地缩小，减少了掘进工程量及不必要的投入。

三是深化全面预算管理。常言道，"凡事预则立，不预则废"。进一步加大推进力度，扩大预算管理范围，将一切生产经营活动纳入预算之内。财务部门定期对预算执行情况进行分析、监控。各单位、各部门将预算指标层层分解，从横向和纵向落实到内部各环节和各岗位，形成全方位的预算执行责任体系，保证预算目标的实现。同时，坚决维护预算的严肃性，除非特殊需要，原则上不予变更调整。对重大成本支出项目按照编制计划、项目申报、审批、监督检查和考核的程序强化管理。合理调整产量、进尺、成本等，把指标层层分解，落实到区队、科室、人，把经营指标与负责人的工资挂钩，并在考核中兑现，完成或未完成的指标，要在相应责任人的薪酬中体现出奖罚。

四是强化物资采购管理，严格执行公司招投标管理有关规定，货比三家，把握最佳性价比，降低物资采购成本。明确规定单位价值在10万元以上的各种大型材料、配件、煤矿12种专用工具等，由公司审批并按照物资比价管理办法组织实施。严禁化整为零、降低标准、规避重大成本管理行为的发生。

五是加强大修费用支出管理。定期检查设备磨损程度，综合分析更换新设备和修复利用的成本，找出最经济的解决方法。对委托外单位修理的设备实行了保修制，维修后的设备实行相关部门联合验收机制，确保维修质量。做好设备故障鉴定工作，对于能中修及小修的绝不大修，能少花钱的绝不多花。

例如，韩家湾煤炭公司通过对液压支架、刮板输送机、采煤机等大修设备实行了严格的逐台鉴定确认制，以及对外委维修单位的详细筛选，现场派人监督定损等办法，节约修理费支出。

六是切实加强非生产成本的管理，对于各类会议、接待、公务活动等，坚持一切从简，坚决禁止铺张浪费。对于差旅费、办公费等的报销审批，财务部门严格把关，对于不合理的费用支出，坚决不予报销。

第 9 章 安 全 生 产

安全是煤炭企业"天字号"工程,是煤炭企业最大的和谐,是煤炭企业员工最大的幸福,也是煤炭企业赖以生存和发展的最根本要求。陕北矿业安全生产精细化主要包括建立健全精细化管理组织机构和督导机制,质量标准化工作实现"四化、四无、四整齐、四统一",着力打造"1112"精品工程,安全隐患排查做到了闭合式管理,开展了"七步工作法"班前安全礼仪和"三三整理"工作,全面开展"双述"活动,推广井上井下"四项技术"应用等。

9.1 组织机构和督导机制

陕北矿业自成立以来,认真贯彻落实党和国家关于安全生产的一系列方针政策,始终把安全生产作为企业的最大政治任务、最大社会责任、最大效益和最大员工福利。坚持以人为本,确立了"煤矿也可以做到不死人""瓦斯超限就是事故"的全新安全管理理念;坚决落实"安全第一、预防为主、综合治理"的方针,高度重视和加强安全生产工作;从企业绩效考核、文化建设、教育培训等方面,全面落实安全生产责任;按照"装备现代化、系统自动化、管理信息化"的标准,加快矿井机械化和自动化建设进程,提高矿井采掘机械化程度,从本质上提升了矿井安全生产能力。

建矿初期,各矿井的生产部门对生产、基建、机电、安全、运输、通风等统一调度,行使综合调度的职能。直至 2007 年,井下的生产调度仍由包工队负责。

2005 年,陕北矿业公司成立了生产安全技术部,调度工作列入该部管理。2006 年,韩家湾矿和大哈拉矿设立生产调度机构,工作由各矿生产科代管。公司、生产矿井坚持每周一次生产、安全调度例会制度。协调、解决生产过程中的安全、生产问题。矿井坚持每天早上领导班子安全碰头会,及时处理、协调、解决当天生产中出现的有关问题。2007年7月30日,陕北矿业公司在生产安全技术部下设生产调度中心。

陕北矿业先后制定完善了《零点行动动态安全检查制度》《反三违制度及考核奖罚办法》《民爆物品管理制度》《基建项目安全管理办法》《领导带班下井管理制度》《安全生产考核奖罚办法》《安全风险抵押办法》《二级单位负责人安全年薪考核管理办法》《机关管理人员安全生产责任制考核办法》《事故预防责任追究制度》《安全风险评估办法》《重大事故隐患治理挂牌督办办法》《管理人员走动式安全管理办法》等一系列安全管理制度并深入贯彻执行。按照"一岗双责"的要求全面修订完成了《安全生产责任制》,编制完成了《"十二五"安全生产规划》,使安全管理工作进入了有规可依、有章可循的规范化轨道。

加大安全投入。近年来,公司先后进行了通风设备改造、瓦斯监测设备、防灭火设备材料和机电运输设备设施的购置和装备,提升了安全生产能力。狠抓责任落实和现场管理。公司高层要求公司上下认真贯彻国务院有关文件精神,抓好煤矿领导带班下井工作,并实行安全重点工作24小时现场跟班。在工作面初采、回撤等危险性较大的工作中,公司和矿井安全生产管理人员现场跟班指挥,从顶板支护、大件设备拆装运输等重要环节抓好安全监督协调工作,确保了初采、回撤、安装工作安全顺利。

建立和完善应急预案体系,加强应急管理。2010年,公司组织编制了突发事件总体应急预案体系,2010年7月,各生产矿井按照要求进行了井下撤人演练。演练有专人安排、组织严谨、记录详细、总结到位,达到了预期的目的。2011年,各单位又开展了年度例行应急救援、撤人演练,演练实效进一步提高。

2013年为了强势推进安全生产精细化管理工作,各生产单位成立以经理(矿长)、党委书记为组长,其他副经理(副矿长)为副组长,各职能部门和基层区队党政负责人为成员的精细化管理领导小组。制定和下发了《精细化管理实施方案》,安排了推进内容,细化到生产单位机关各部门和相关责任人,并明确了完成时限。建立健全了安全生产责任制度体系、安全生产办公会会议制度体系、安全质量标准化制度体系、安全技术管理制度体系、安全操作规程管理制度体系、隐患排查整改制度体系、重大危险源管理处置制度体系、风险预控制度体系等,修订完善了各岗位作业标准和工作标准，形成了体系完整、内容齐全、操作性强的安全生产管理制度体系。

各生产单位及时成立了精细化管理督导组，分井下和地面两个工作小组，每周四定期开展精细化管理工作大检查，并于第二天在调度会上通报检查结果。同时按照"旬检、月验"的标准，定期开展安全生产大检查。每月初以组织召开党政联席会、安办会、经理（矿长）办公会等形式，总结上月工作开展情况，安排当月重点工作并督促落实。通过"静态提升、动态达标、明确责任，分解细化落实"，促进了各项工作的稳步推进。

9.2 质量标准化管理

在安全质量标准化工作上，严格实行责任追究制度，做到管理全面，检查严格，不定期组织生产部室人员进行拉网式的检查，突出工程质量、文明生产等重点。对物料码放、管线吊挂、设备管理等工作一律严格按质量标准化要求进行整治，大到工作面，小到开关、管线，都落实到具体责任人，并将各区域的质量标准化创建成效直接与承包责任人绩效挂钩，层层落实安全质量标准化责任制，实现了全员、全过程、全方位、全空间动态管理。投入巨资，实施标准化专项工程，主要运输大巷、各采掘作业场所及沿线，全部达到了"四化、四无、四整齐、四统一"的标准，"四化"即美化、亮化、白化、净化；"四无"即巷道内无淤泥积水、无脏杂物、无积尘、无失修；"四整齐"即图牌板安设整齐、材料码放整齐、工具定置整齐、开关上台上架摆放整齐；"四统一"即照明安设标准统一、物料牌板和宣传牌板规格统一、电缆挂钩安设统一、安全指示标志设置统一。

在质量标准化创建工作中，各生产单位坚持"闭合"管理制度，从施工现场查出问题到整改处置、考核兑现、信息反馈、复查落实，所有环节都必须做到谁检查、谁签字、谁负责、谁落实，形成了良性循环闭合系统，切实解决了"严不起来，落实不下去"的问题。同时，还进一步完善了工序检查法，规定任何作业地点每一道工序施工质量达不到规程措施要求的，不得进入下一道工序。每班验收员严格执行工程质量菜单式验收制，将采掘工作面、硐室、机房工程质量及文明生产标准用验收表的形式制作成菜单，由当班验收员或硐室、机房值班人员在接班后和交班前各验收一次，实现了工程质量动态达标。井下建成了"1112"精品工程，即1

条"精品"线路（副井口—井底车场—运输大巷—四盘区运输巷）、1个标准化示范变电所（中央变电所）、1个精品硐室（皮带机头硐室）、2个样板机房（主水泵房、驱动机房）。采掘工作面、硐室、机房、线路工程质量精品率达到90%以上，基本消除了不合格产品。

9.3 安全生产精细化

各生产单位制定了干部走动式管理制度。严格执行领导带班、干部走动式管理等制度，每月编制干部走动式管理计划表，对各级干部现场走动的班次、巡查路线、巡查内容等进行统筹安排。要求管理干部在巡查中做到走动无死角、管理无漏洞、巡查不漏项，加强走动记录管理，做到时间、线路、内容清晰明确。坚持每月安办会上通报上月领导入井带班、干部走动式管理、抓"三违"情况，对没有按照要求执行的进行通报和处罚。将现场管理发现的隐患，建立台账管理，分类整理，划分职责，落实责任，及时将隐患和问题反馈到责任单位、部门和分管领导，责任单位必须在规定的时限内落实整改，确保安全生产工作有检查、有落实、有整改、有复查、有验收、有反馈，达到管理无漏洞、走动无盲区，形成安全隐患的闭合整治。同时，对矿井重大隐患和严重"三违"辨识进行了明确，建立了"红线"管理制度，编制了各工种主要危险源辨识卡，明确了危险源及后果、等级、标准和措施，杜绝了不安全行为的发生。

开展了"七步工作法"班前安全礼仪和"三三整理"工作。

一是坚持班前安全礼仪。推行"一签到、二点评、三排查、四学习、五抽背、六分工、七宣誓"的"七步工作法"，排查职工的精神状态、工作情绪；配备了体温、酒精和血压测试仪，排查职工的身体状况；组织职工开展班前安全风险评估，对不同环境或不同时期的安全危险性的重点进行预防预控。例如，当天干什么活，可能出现什么安全隐患，怎样提前做好安全措施，从跟班干部、班组长、现场作业人员，都一一进行讲说；建立班前确认台账，对班前安全确认项目由职工本人签字确认。

二是开展了"三三整理"工作。以"三员联合"安全确认制和"四位一体"安全生产负责制为基础，重点在采掘岗位作业点推行了班前、班中和班后开展整理环境、整理隐患、整理情绪的"三三整理"工作。在"三三整理"时，着重就作业环境安全、系统设施安全、个人状态安全、设备状态安全、工程质量、工具材料归位等进行确认。编制了管理人员和作业人员的"三三整理"工作菜单,并严格按菜单内容进行整理确认,并严格坚持不具备安全生产条件不生产、事故隐患未排除不生产、安全措施不落实不生产、安全设施不可靠不生产、准备工作不到位不生产、现场环境不确认不生产的"六不生产"原则,确保作业现场"人、机、物、环",始终处于最佳安全状态。

全面开展"双述"活动。各生产单位组织编撰了《员工岗位行为规范手册》和《岗位描述大全手册》,制作了优秀人员岗位描述、手指口述教学片。通过"双述"活动的开展,促使广大干部职工进一步熟悉业务流程,规范安全操作行为,减少了岗位误操作,降低设备操作风险,增强了职工的安全意识,夯实安全管理基础,有效地促进了安全生产工作,职工的岗位操作和技能素质得到了进一步的提高。

强化安全基础绩效管理工作。认真贯彻执行"安全第一,预防为主,综合治理"的安全生产方针,全面加强安全基础管理工作,进一步促进安全管理工作落实机制的建立。陕北矿业制定了详细的安全基础考核办法,见表9-1。

表9-1 安全基础管理考核

项目	详细内容
考核内容	有关法律、法规、规程、标准、规范、制度等执行情况。 根据管理要求对部分项目设置的否定项。 陕西煤业化工集团公司确定的重点工作。 公司确定的重点工作
考核体系	公司三对矿井和生产服务分公司采用千分制考核(生产服务分公司比照生产矿井进行),其中预防重大事故500分。 考核各矿井重点工作完成情况。 陕北基泰公司采用千分制考核,其中安全素质体系200分、安全环境体系300分
考核办法	公司对三对矿井、生产服务分公司及陕北基泰公司每季度进行一次检查验收

续表

项目	详细内容
兑现办法	各单位安全基础管理每半年考核达到安全基础管理考核目标时，兑现单位负责人半年安全年薪的80%，考核结果每低于考核目标一个等级下浮10%；未达到三级标准的，扣减半年安全年薪的80%。年终实现单位安全工作目标，一次性兑现单位负责人安全年薪的20%；如果年终未实现单位安全工作目标，一次性扣除单位负责人安全年薪的20%

推广井上井下"四项技术"应用工作。在井上井下全面推广了以"定置、编码、标志、看板"为主要内容的四项技术应用工作，制定了编码规则和编码标准序列，编码按照统一标准、统一规则进行设计。建立定置管理标准，对办公用品、器材、设备、仪器、工具、材料等物品的位置进行了定置，建立具体的定置图板。要求工作场所按照"每日两定、全天保持"的标准，确保物品按规定位置码放。对生活区和工业区道路进行了画线，制作了路灯杆宣传灯箱和安全文化长廊灯箱。

9.4 区队安全管理

一直以来，陕北矿业积极探索和创新班组管理方式，以职工为突破口，加强班组内部管理，班组建设效果显著。注重加强班组长业务水平提升，加大班组长业务知识、新科技、新技术的学习及安全生产、岗位职责、质量标准化与精细化等方面的教育培训力度，定期和不定期开展班组长考试和岗位自选考试，要求班组长将工作目标和个人目标结合起来，将企业发展和个人发展统一起来，不断提高适应新形势、开创新局面的实践技能和安全素质。加强班组6S管理，形成以班组管理为活动平台，以职工素养提升为目标，以整理、整顿、清扫和清洁为手段的生产现场动态管理系统，并将其纳入班组长考核，确保为职工创造一个安全、卫生、舒适的工作环境。

例如，韩家湾煤炭公司综采队结合工作实际，以创建"五型"区队（班组）为切入点，坚持以"两手抓"提升区队管理水平，推动区队安全管理建设晋档升级。

安全行为习惯化。该队通过安全责任逐级传递、安全重心逐步下移等方式，不断深化班组建设和安全生产精细化管理，按照"精、严、细、实"的原则，重点监督检查各项安全制度、措施的制定与落实，按照"排查、记录、通报、整改、验收、考核"六步骤安排专人限期整改、定期复查，将各类隐患消除在萌芽状态。定期开展事故案例警示教育，加强职工对危险因素的辨识能力，让职工预防和处理可能存在的隐患或事故。在每个班组建立了安全工作日记，把职工当班安全生产情况、任务完成情况、存在安全隐患及治理情况分别填写在台账上，保证安全管理工作的时效性和连续性。

督查考核时效化。该队充分利用岗位价值核算平台，进一步细化班组考核内容，对人人、事事、时时、处处都量化标准、细化工序、强化考核，逐步将各项工作误差值缩小在"毫米、秒、克、厘"的范围内，全面提升精细化管理水平，以动态过程控制来全面提升安全质量。加大安全考核力度，细化量化考核标准，通过月评比、季考核和年总结的方式，对班组安全工作进行综合测评，将成绩与当月工资挂钩，全面提高职工的安全工作执行力。成立了井下动态检查小组，分别对井下作业场所进行不定期、不定点、不定线的巡回动态检查，确保安全生产。

2014年，陕北矿业韩家湾煤炭公司人力资源部为职工们发放了放置各类资格操作证的证件夹，被工友们亲切地称为"安全智囊夹"。"安全智囊夹"根据职工井下操作资格证书大小制作，放置了《入井合格证》《从业人员安全培训合格证》《特种作业操作资格证》《岗位危险因素辨识卡》《作业现场职业危害因素告知卡》等各类证件，职工入井可随身携带，并可随时对重点岗位危险源的辨识标准、措施和后果查看和掌握，《作业现场职业危害因素告知卡》清晰明了地印着"为了您的健康，请正确佩戴安全防护用品"及粉尘、有毒有害气体、噪声三种危害因素的应急处理、防护措施，使员工时时刻刻做好职业病防治，也方便安全监察部门对职工持证上岗情况进行检查考核。

9.5 科技创新与安全生产

科技创新既是提升企业核心竞争力的重要渠道，又是企业调整经济结构、转变增长方式和科学发展的关键所在。公司成立了科学技术委员会、专家咨询委员会、成果鉴定委员会，以及科研环保中心，制定了科技管理的"一个决定，六个办法"，即《关于进一步加强科技创新工作的决定》《科研项目管理办法》《科技工作考核管理办法》《科技资金管理办法》

《科研成果考核奖励办法》《知识产权管理办法》《职工技术创新优秀成果评选奖励办法》。公司职称评定委员会每年对工程技术人员达到职称评定标准的按时进行评定，通过评定的技术人员及时调整技术津贴和工资福利待遇。目前，公司工程技术人员206名，具有技术职称的人员153人，中级以上职称的66人，科技人才队伍结构得到了优化。

科技创新也是安全生产的有力保障。陕北矿业大力推广使用煤炭生产先进技术和装备，对生产矿井进行安全"六大系统"强制建设；加强对煤矿采掘、机电运输、通风防灭火、地质防治水等技术的研究和管理。针对公司矿井的实际，将顶板管理和易自燃煤层的防灭火管理作为安全生产技术管理的重中之重，广泛应用顶板压力监测系统和顶板离层在线监测，以及瓦斯、束管监测系统，实现了顶板压力、顶板离层和井下有害气体的实时传输和地面监控。广泛应用巷道锚杆、锚网、锚索、锚喷和支撑掩护式液压支架等技术加强顶板支护；广泛应用"三相泡沫"和气雾阻化防灭火技术，建立了注氮、黄泥灌浆系统，能有效地防范煤层发火等灾害事故发生，做到防患于未然。

例如，针对韩家湾煤炭公司三盘区富水区呆滞煤炭资源，成立课题小组，采取电法勘探、钻探技术手段详细掌握水文地质资料，邀请专家多次科学论证，开展可行性研究，制定了详细、可行的实施方案，最终取得了技术性突破，总共可安全解放呆滞煤量1400多万t，延长矿井服务年限3.1年。坚持从优化生产设计入手，将韩家湾矿井工作面推采距离由原来的1050m延长至2000m，工作面长度由原来的200m增加至268m，将工作面间保护煤柱尺寸由20m缩减为15m，减少工作面布置7个，减少掘进巷道近万米，多回收煤炭资源616万t，延长矿井服务年限1.3年，为公司带来经济收入18亿元。

用科技费用的高投入来改善安全生产环境。近年来，公司注重安全生产科技方面的投入。仅2011年，公司就投入科技费用1754万元，在韩家湾煤炭公司实施了三维地震工程、上行开采研究；在安山煤矿实施了地面电法工程。2012年科技投入2377万元，其中环境科技投入1050万元。2013年科技投入4456万元，其中投入1884万元购买了60台垛式支架，并利用连采机进行双巷掘进。另外，又投资1500万元用于韩家湾煤炭公司的井下安全质量标准化工程，建成了"一头、一面、一硐室"精品亮点工程。

科技创新与生产实际紧密结合,鼓励自主创新。通过在全公司范围内深入开展"五小"创新活动,依靠"岗位练兵,技术比武"等活动载体,极大地激发了广大干部职工进取创新的活力和开拓奉献的积极性,从而培育了一大批高素质的优秀管理人员和技艺精湛的岗位员工,为公司的健康发展提供了有力的技术和人才保障。用《职工技术创新优秀成果评选奖励办法》鼓励广大职工围绕企业安全、生产、经营难题,开展发明创造和合理化建议等创新活动。

例如,公司在召开的第三届科技大会上,《转载机底槽回煤口溜煤斗改造》《防尘喷雾水过滤器》等98项"五小"创新受到奖励,并在实际应用中提高了现有装备的生产效率。

例如,2012年8月,公司仓上刮板输送机受1^{-2}煤煤质和设备老化等因素影响,飘链、跳链等现象时有发生,极大地影响了生产秩序的正常运行。时任韩家湾煤炭公司副经理的任晓东发明了在$3^{\#}$刮板输送机溜煤装置底部开一个溜煤口的方法,作为$3^{\#}$刮板输送机的分流皮带,将矸石皮带分为一个矸石皮带和一个沫煤皮带,使煤流经过沫煤皮带直接进入$2^{\#}$煤仓;在$2^{\#}$刮板输送机的溜煤筒上直接开造一个直流筒,使煤流直接进入$1^{\#}$煤仓,陕北矿业将该方法命名为《任晓东仓上沫煤皮带改造方法》,见图9-1。

沫煤皮带示意图

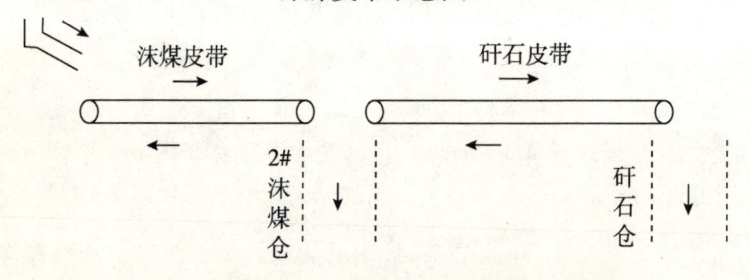

图9-1　任晓东仓上沫煤皮带改造方法示意图

此项技术改造,有效解决了$3^{\#}$刮板输送机在链、检修等情况下需停机处理的问题,保证了生产系统的正常运行。同时,沫煤皮带的增设为以后刮板层溜煤系统备用了一台运输设备,有效提高了厂运输系统的能力。

用尊重科技人才来推动科技创新。公司每年召开大中专学生和工程技术人员座谈会，竭力为他们解决工作和生活方面存在的实际问题；在韩家湾煤炭公司建立了科技公寓楼；按时对符合条件的工程技术人员进行职称评定，并发放技术职称津贴。

2011年，公司隆重召开了第二届科技大会，拿出260万元资金重奖了10个科技进步成果、17名优秀科技工作者、1个科技工作先进单位、25篇优秀科研论文和23项职工群众技术革新成果。营造了尊重知识、尊重人才、尊重劳动、尊重创造的浓厚氛围。这次会议受到了《陕西日报》《中国煤炭报》《陕西工人报》《各界导报》《榆林日报》等多家新闻媒体的高度关注。

用科技创新促使企业转型升级，用科技创新来保障安全生产。坚持做强煤炭产业，进军煤化工领域，大力发展循环经济，走低碳绿色道路。2014年4月，公司全资收购了陕北基泰能源化工有限公司，成立了陕西陕北乾元能源化工有限公司，使公司由单一煤炭产业发展成为煤、化、电多产业联动的大型企业。

第10章　精细企业文化建设

精细文化是精细化管理系统的核心动力。在职能管理精细化和安全生产管理精细化的同时，陕北矿业坚持以理念为先导，加强宣传灌输，营造浓厚氛围，强化"持续改进、不断创新""杜绝浪费、追求效率"的意识，培育员工"尽善尽美追求、精益求精工作"的理念，引导全体员工解放思想，从我做起，强化执行力，实现精细化管理动态匹配和提升企业核心竞争力。

10.1　精细化文化建设方案

10.1.1　精细文化结构

一般而言，企业精细文化是企业及其员工在长期的生产和经营活动中，逐步形成并传承且不断创新并完善的精细价值观、观念、认知、态度、制度、行为模式、能力等的总和。陕北矿业精细文化的结构由四个层次组成：煤炭企业精细物态文化、煤炭企业精细行为文化、煤炭企业精细管理制度文化及煤炭企业精细观念文化，又称为煤炭企业精细文化的物质层、行为层、制度层和精神层。四个层次与企业精细文化之间的支撑关系如图10-1所示。

煤炭企业精细观念文化主要是指决策者和大众共同接受的精细意识、精细理念、精细价值标准。精细观念文化是精细文化的核心和灵魂，是形成和提高精细行为文化、制度文化和物态文化的基础和原因。煤炭企业精细观念文化是企业员工在外部客观世界和自身内心世界对精细的认识能力与辨识结果的综合体现，是员工长期实践形成的心理思维的产物，是一种无形的、深层次精细思想与意识反映，它是转化为精细物质文化、精细制度文化和精细行为文化的基础。

第10章 精细企业文化建设

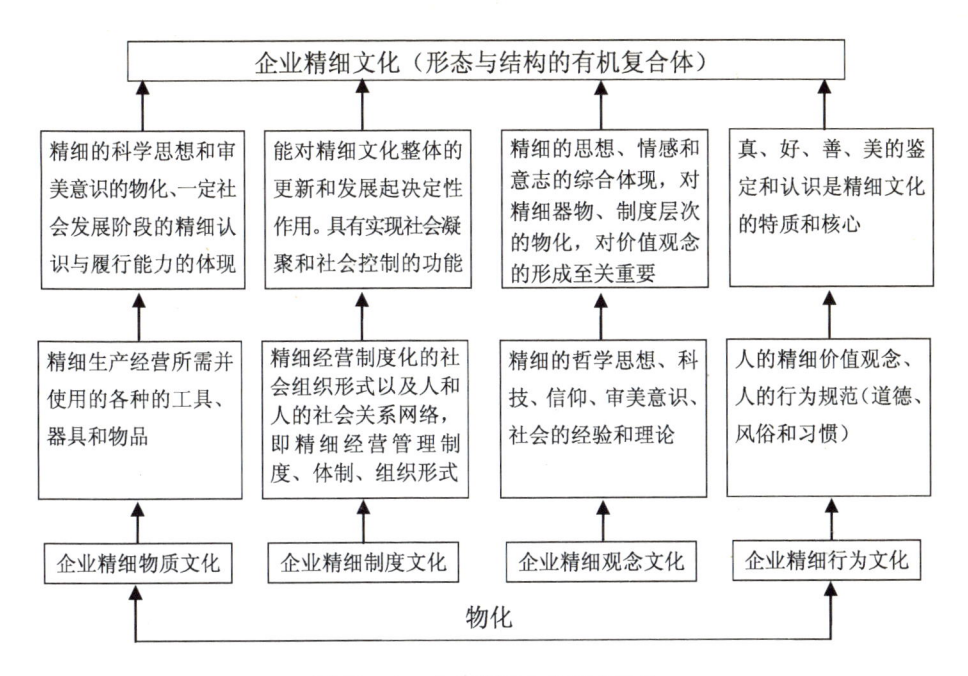

```
                企业精细文化（形态与结构的有机复合体）
    ↑                    ↑                   ↑                    ↑
┌─────────┐        ┌──────────┐         ┌──────────┐         ┌──────────┐
│精细的科学│        │能对精细文│         │精细的思想│         │真、好、善│
│思想和审美│        │化整体的更│         │、情感和意│         │、美的鉴定│
│意识的物化│        │新和发展起│         │志的综合体│         │和认识是精│
│、一定社会│        │决定性作用│         │现，对精细│         │细文化的特│
│发展阶段的│        │。具有实现│         │器物、制度│         │质和核心  │
│精细认识与│        │社会凝聚和│         │层次的物化│         │          │
│履行能力的│        │社会控制的│         │，对价值观│         │          │
│体现      │        │功能      │         │念的形成至│         │          │
│          │        │          │         │关重要    │         │          │
└─────────┘        └──────────┘         └──────────┘         └──────────┘
┌─────────┐        ┌──────────┐         ┌──────────┐         ┌──────────┐
│精细生产经│        │精细经营制│         │精细的哲学│         │人的精细价│
│营所需并使│        │度化的社会│         │思想、科技│         │值观念、人│
│用的各种工│        │组织形式以│         │、信仰、审│         │的行为规范│
│具、器具和│        │及人和人的│         │美意识、社│         │（道德、风│
│物品      │        │社会关系网│         │会的经验和│         │俗和习惯）│
│          │        │络，即精细│         │理论      │         │          │
│          │        │经营管理制│         │          │         │          │
│          │        │度、体制、│         │          │         │          │
│          │        │组织形式  │         │          │         │          │
└─────────┘        └──────────┘         └──────────┘         └──────────┘
    ↑                    ↑                   ↑                    ↑
企业精细物质文化    企业精细制度文化    企业精细观念文化    企业精细行为文化
                                物化
```

图 10-1 企业精细文化层次结构

煤炭企业精细管理制度文化是指企业为了精细化经营而形成的各种精细化规章制度。如全面预算管理制度、内部交易市场制度、基本建设管理制度、招投标管理制度、机电物资管理制度、目标管理制度、考核制度等。

精细行为文化是指在精细观念文化指导下，人们在生活和生产过程中的精细行为准则、思维方式、行为模式的表现。行为文化既是观念文化的反映，同时又作用和改变观念文化。煤炭企业精细行为文化是指煤炭企业员工在生产和经营活动中产生的精细活动文化。它包括企业经营、教育宣传、人际关系活动中产生的文化现象。它是企业经营作风、精神面貌、人际关系的动态体现，也是企业精神、企业价值观的折射，是煤炭企业精细文化的浅层文化。

精细物质文化是精细文化的表层部分，它是形成观念文化和行为文化的条件。从精细物质文化中能体现出组织或企业领导的精细认识和态度，反映出企业精细化管理的理念和哲学，折射出精细行为文化的成效。物质是文化的体现，是文化发展的基础。煤炭企业精细物质文化是指企业在生产和经营活动中的作业环境和设施、设备、工具、原料、工艺、仪器、仪表、防护用品和用具等器物。它是企业精细文化中最表层的部分，是员工可以直接感受到的，它是从直观上把握企业精细文化的依据。

10.1.2 建设原则和目标

立足陕北矿业企业管理的实际，坚持"严、细、精、实"和"高效、超前"的管理理念，树立"一切事故皆可预防"的安全理念，持续改进管理方式，消灭安全事故，杜绝资源浪费，永远追求效率，不断提升企业管理水平和核心竞争力，促进公司又好、又快发展。

原则是指导行为的准则，对管理而言其原则是管理所依据的基本思路。陕北矿业精细文化建设始终坚持如下原则。

（1）以人为本原则。通过有效激励和约束，最大限度地发挥全体员工的积极性、主动性和创造性，实现工作效率的最大化。

（2）过程控制原则。对每一项工作职责和任务，明确工作链，搞好过程控制。通过每个工作环节的精细化，达到公司整体精细化管理。

（3）精益求精原则。树立严谨细致、精益求精的工作作风，做到精于事前，细于过程，持续改进，完善提高。

（4）方便考核原则。尽可能将工作目标量化、具体化，对难以量化的目标和任务，根据情况认定边界考核条件，减少不确定因素对考核客观性、权威性的影响。

以"精"为目标，以"细"为手段，力争用1~2年时间，把精细化理念贯彻到生产经营的全过程，不断改进和完善各项管理制度和工作标准，细化责任，严格考核，建立起一套适合公司实际的全过程、全方位的精细化管理体系。通过"精细化的规划、精细化的分析、精细化的控制、精细化的操作、精细化的核算"，实现公司发展思路明晰化、组织体系科学化、绩效考核全面化，使执行力、管理水平和经济效益大幅提高。

10.1.3 精细化建设步骤

精细文化建设是一项长期的战略任务，又是一项系统工程，按照"夯实基础、整体推进、持续深化、稳步提高"的原则，分阶段、有步骤地开展工作。陕北矿业精细文化建设大体分以下三个阶段。

第一阶段：全面规划、宣传发动阶段。陕北矿业通过举办培训班、研讨会、报告会、交流会、论坛、编印精细文化建设读本、精细文化知识竞赛、精细文化演讲比赛等形式，组织员工进行学习，使全体员工明确精细文化建设的目的、意义、主要内容、方法步骤和具体要求，发动员工积极参与精细文化建设活动，形成精细文化建设的浓厚氛围。

同时，陕北矿业成立精细文化建设推进委员会及办公室（或者指定相应部门承担此责任），明确职责，落实人员，建立相关制度，为精细文化建设奠定基础。

在此基础上，制定《陕北矿业有限责任公司精细文化建设方案》，确立精细文化建设的指导思想、工作要求，提出陕北矿业精细文化建设的工作要点，明确各级、各部门/单位精细文化建设的目标和任务，编制了详细工作计划，见表10-1。

表10-1 陕北矿业第一阶段工作计划表

序号	内容	目的	具体要求	完成时限	负责单位	备注
1	成立机构	明确精细文化建设分工、职责，落实建设费用	（1）成立精细文化推进领导委员会/工作小组、工作机构。 （2）制定各有关涉及单位精细文化建设分工、职责。 （3）划拨/设立精细文化建设专项费用（基金）。 （4）制定精细文化建设日常管理制度	2009年1月	董事长总经理	
2	制定建设工作计划	明确工作任务	制订精细文化建设工作计划	2009年2月	党群工作部	
3	宣传贯彻	统一认识，了解精细文化建设的意义、内容、步骤和要求等	（1）举办精细文化建设培训班、研讨会、交流会、报告会、精细文化知识竞赛/考试、精细文化演讲比赛等活动。 （2）编印精细文化知识简明读本	2009年4月	党群工作部	常年

第二阶段：夯实基础、导入推广阶段。公司主管部门组织各部门/单位开展精细文化建设，并进行全过程跟踪、监督。各部门/单位采取多种形式，落实、完成《陕北矿业有限责任公司精细文化建设方案》和计划的任务和要求，从而继续进行精细文化理念、价值观等的宣传工作，发现、培育、树立、宣传先进典型，完善公司精细化管理组织机构、管理制度、行为规范，改善矿容、矿貌和作业环境，提高设备本质安全化，提升视觉、听觉系统有效性和完善性。

阶段目标：规范陕北矿业精细观念层、精细制度层、精细行为层、精细物态层、精细形象层，使陕北矿业精细文化建设从感性文化向理性文化延伸、从无形文化向有形资源延伸、从管理文化向文化管理延伸，见表10-2。

表10-2　陕北矿业第二阶段工作计划表

序号	内容	目的	具体要求	完成时限	负责单位	备注
1	完善观念文化层	确定适合公司的精细化愿景、目标、价值观、理念、精细认识等	多次、分层次、分批次采用多种形式组织各级员工讨论、修订《陕北矿业有限责任公司精细文化建设方案》中"观念文化"内容，并报领导审批	2010年6月	董事长总经理党群工作部	
2	完善制度文化层	完善精细管理组织机构、职责和管理制度	按照公司确定的精细价值观、理念等，重新修订/确定组织机构、职责、管理制度，使之符合公司精细价值观、理念，落实并汇编成册	2010年8月	党群工作部企管部	
3	完善行为文化层	完善各级员工、各工种精细化行为规范	按照公司确定的精细价值观、理念等，系统制定/修订各级、各工种员工行为规范，使之符合公司精细价值观、理念，落实并形成《员工精细化行为规范手册》	2010年10月	党群工作部	

续表

序号	内容	目的	具体要求	完成时限	负责单位	备注
4	完善物态文化层	确保设施、设备精细化及本质安全	在公司确定的精细价值观、理念的原则下，制定公司及下属单位各类设施、设备、劳动防护、作业环境用品精细化改进方案，并予以实施	2011年1月	生产部 党群工作部	
5	完善形象文化层	形成精细化文化视觉识别系统和听觉系统	（1）在合适的办公用品上印制或制作公司精细化标志或精细理念等。 （2）在合适的交通工具上印刷精细理念（观念）、精细化要求等。 （3）本着精细、有利于安全的角度统一各级员工服装、防护用品。 （4）在地面合适位置如建筑外观、形象墙、井口、储物柜、楼宇入口、山坡斜体、路灯柱等宣传精细理念、价值观等，统一楼宇、门牌标志。 （5）在井下重点地点或适宜地点宣传精细理念、价值观等。 （6）在宣传资料、文化手册、文化长廊、橱窗、黑板报、宣传标语、公司成就展室（需要时）和宣传海报、灯箱、墙体标语等处宣传精细化管理理念、精细价值观、先进模范人物、精细化相关行为规范等。 （7）在井上、井下所有需要地点（含设备、管道等）设计/修订、设置精细化相关标志（考虑统一性）和语音提示	2011年3月	党群工作部 行政办 企管部 生产部	

续表

序号	内容	目的	具体要求	完成时限	负责单位	备注
6	制定精细文化手册	制定精细文化手册	将完善后的观念文化层、制度文化层、行为文化层、物态文化层、形象文化层的核心内容汇编成册	2011年4月	党群工作部	
7	宣传教育	精细理念得到全面的宣贯，员工普遍认同	制定精细文化传播方案，采用有效形式，利用多种渠道，通过宣传资料、宣传标语、培训、座谈、会议等宣传精细愿景、目标、价值观、理念、制度、行为规范等，发现、培育、树立精细文化先进典型，对模范人物及模范事迹进行全方位的宣传，带动、培养一批精细文化建设的骨干队伍	2011年6月	党群工作部	常年
8	精细文化建设检查、评估	确保精细文化建设计划的各项工作按计划完成，达到预期要求	(1) 定期（或不定期）检查"计划"中各项任务完成情况，并监督完成。(2) 定期（或不定期）评估"计划"中各项任务完成效果，并监督整改	常年	党群工作部	

第三阶段：成熟完善、全面推进阶段。总结前期精细文化建设经验，不断修订和完善精细文化实施方案，推广优秀做法，完善薄弱环节，使精细文化建设趋于成熟稳定，建立起精细文化建设计划、实施、检查、考核的长效机制。

阶段目标：进一步积极探索陕北矿业精细文化建设活动的规律，在巩固精细文化建设成果的基础上，进一步创新文化管理模式，形成精细化管理的管理模式，形成一批有影响力的精细文化成果和典型，见表10-3。

表10-3 陕北矿业公司第三阶段工作计划表

序号	内容	目的	具体要求	完成时限	负责单位	备注
1	修订、完善建设方案	推进精细文化建设方案不断完善	(1) 开展精细文化建设方案系统探讨，吸收公司精细文化建设有利的新思想和新理念。(2) 进一步修订公司精细文化建设方案	2012年8月	党群工作部	
2	完善精细文化建设制度	强化精细文化制度建设	总结精细文化建设经验、教训，形成系统精细文化建设管理制度，包括精细文化的调研、宣讲、传播、评价、监控与改善，完善工作流程和工作标准	2012年8月	党群工作部	
3	完善相关制度	强化精细文化实施基础	完善与公司确定的精细愿景、目标、价值观、理念相适应的各项管理制度	长期	企管部党群工作部	

10.2 解放思想

先进理念是企业的灵魂。对此，公司高层经过深思熟虑，总结提炼出"追求卓越，争创一流""依法治企，以制度管人管事""先服务，后监督""大力弘扬与营造团结向上、比学赶帮、努力干事、争创一流的正气和氛围"等一系列具有创新思维的先进理念，努力提升各级管理人员驾驭大企业的能力。公司党政大力把"敢为人先、勇争第一、敢干大事、干就干好"作为对发展新理念的最好诠释，使企业文化建设与公司加快发展紧密结合起来。

在思想转变上，各级党组织先行。各级党组织按照"一切为了发展，一切为了员工"的企业宗旨，开展了"为什么发展？发展什么？怎样发展？发展为了谁？"的主题大讨论活动，重点解决非工作性努力影响企业发展、建立和完善正确的思想舆论导向、各项工作如何服务发展等问题，进一步增强了广大干部职工的忧患意识、竞争意识和进取意识，为各项工作的创新超越奠定了坚实的思想基础。

以学习研究助推思想解放。以解放思想为先导，一方面，大力倡导"追求卓越，争创一流"的工作理念，举办中层管理干部理论研讨会，分析公司的发展形势、发展机遇，面临的困难和挑战，分别就安全生产、煤炭运销、项目建设、精细化管理、企业文化和党群工作等进行了深入研讨，群策群力，破解发展难题。另一方面，认真开展以"解放思想，提升境界，强化执行"为主题的形势任务教育活动，教育引导广大干部职工解放思想，放宽视野，对标先进，瞄准一流目标，加快发展步伐。

积极营造思想解放氛围。充分利用各类会议、报纸、网络、电子大屏幕等平台和阵地，对广大干部职工进行形势任务教育，使"追求卓越，争创一流"工作理念深入人心。公司开展了以"解放思想，提升境界，强化执行"为主题的形势任务教育活动，通过"查、剖、定""党员承诺"和举办理论研讨会等一系列活动，引导广大干部职工深刻认清公司发展面临的形势任务，抓住机遇、攻坚克难，始终把思想和行动统一到完成各项工作任务上来，统一到争创集团内部优秀企业的奋斗目标上来。

通过解放思想，转变以下观念。一是转变了以前"萝卜快了不洗泥"的思维模式，从"卖方市场"的观点和思维转换到"买方市场"的观点和思维，做好了沉着积极应对的准备。二是转变了"等一等，煤炭市场会变好"的观念，使职工认识到煤炭企业面临的问题不是短暂的，政府救市是不可能的。三是转变了"不缺钱"的观念，学会了如何过"紧日子"和"穷日子"。四是转变了"产量决定一切"的观念，一个矿的产量到底多少合适，应该从设计能力、市场、环境、技术等方面综合考虑。现在衡量一个煤矿的业绩，不仅仅是出了多少煤，而是更加关注经营利润是多少和资源消耗了多少。

经过解放思想和能力提升工作的推进，"追求卓越，争创一流"的工作理念更加深入人心，广大干部职工的干事创业的热情和激情得以释放，团结向上、勇于干事，比学赶帮超的良好氛围已经形成，追求卓越的思想，凝聚起了争创一流业绩的力量。

2014年，陕北矿业面临了煤炭市场低迷、地质条件复杂等诸多困难，但最终还是战胜了困难，取得了优异的成绩。尤其是韩家湾煤炭公司全国煤炭系统"五精管理"示范矿井建设的成功实践表明，只有思想上有勇气，目标上有胆气，工作上有豪气，"追求卓越，争创一流"就能从梦想变为现实。这些，都源自信心和执行力，都是"追求卓越，争创一流"工作理念落地生根的具体体现。

10.3　一切为了职工

"一切为了发展，一切为了职工"是陕北矿业的企业宗旨。为发展出力、为职工造福是陕北矿业人的事业追求和奋斗目标。为达到这一目标，公司各级组织紧紧围绕发展是企业的第一要务，始终坚持以人为本，把实现好、维护好广大职工的根本利益，作为一切工作的出发点和落脚点，提升职工素质、提高职工福利，改善职工生活、美化矿区环境、保障职工健康、解决职工困难，让职工快乐工作、幸福生活。

在长期的实践过程中，陕北矿业培育形成了"654"安全管理法和"012345"安全文化建设模式。"6"即六步安全确认，开展"班前个人安全互查、班前会集体排查、入井前检身排查、开工前安全检查、班中动态巡查、班后安全检查"活动。"5"即五步危险源辨识与风险评估，在新工作面开工前、工程设计变更前、生产工艺改变前、新设备投运前、新工人入井前由区队、班组和机关部室进行危险源辨识和风险评估。"4"即四步隐患排查，建立"班组班查、区队日查、科室旬查、公司月查"的四步隐患排查机制。通过大胆实践探索和总结，在"654"安全管理法的基础上，总结提炼了"012345"安全管理模式，即"安全零理念、一号工程、双基建设、三项机制、四大体系、五自管理"。"0"即安全零理念，从零开始，向零奋斗。逐步形成了以"从零开始，向零奋斗"为核心，以"安全工作零起点、执行制度零距离、安全生产零事故、发生事故零效益、系统运行零隐患、设备状态零缺陷、生产组织零违章、操作过程零失误、隐患排查零盲区、隐患治理零搁置"十个"零"理念为主体的安全理念体系。"1"即一号工程，安全工作始终高于一切，"一把手"亲自抓；先于一切，第一时间部署；重于一切，置于头等位置。"2"即双基建设，坚持不懈地加强基层建设，坚持不懈地加强基础建设。"3"即健全三项机制，不断优化用人机制；严格奖惩机制，完善考核机制。"4"即建立四大体系，建立以科技投入为导向的安全保障体系，建立以素质提升为导向的职工培训体系，建立以强化管理为导向的安全评价体系，建立以防灾抗灾为导向的应急救援体系。"5"即五自管理，积极构建矿井自主、系统自控、区队自治、班组自理、员工自律的"五自"管理体系，实现长治久安。

  公司还创新性地开展了每日一题、每周一案例、每月一考试、每日100字安全笔记的"四个一"安全知识学习培训活动；推行开展了"一签到、二点评、三排查、四学习、五抽背、六分工、七宣誓"的班前"七步工作法"；深入开展安全宣传教育"十到位"活动；开展"党员、团员身边无'三违'、无事故"活动，推动矿井安全生产和谐稳定。开展"三三整理"、安全自保互保联保、安全风险评估、全员风险抵押、职工安全账户、领导下井带班、领导包保区队等工作；对安全帽实行实名制，实现了双向监督；开展了党员安全示范岗、红旗责任区活动，广大党员在安全生产中做表率，发挥了先锋模范作用；常年开展亲情慰问、安全文艺演出、安全承诺、安全签名、安全猜谜等活动，在全公司上下形成了浓厚氛围，广大干部职工的安全意识有了大幅提高，安全形势持续好转。

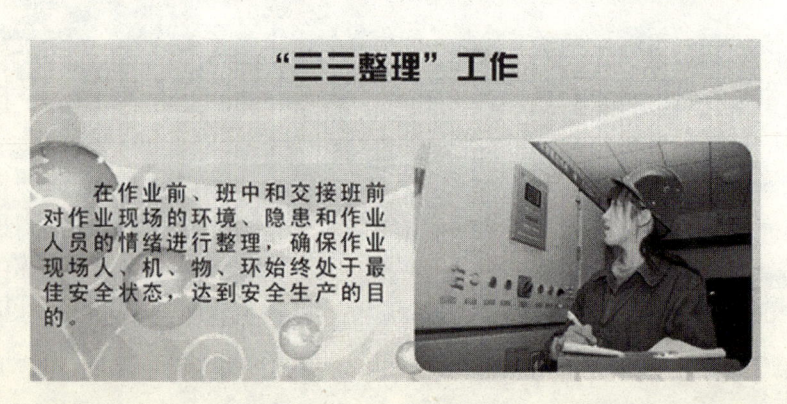

班前礼仪"七步法"

一签到　二点评　三排查
四学习　五抽背　六分工
七宣誓

"三三整理"工作

在作业前、班中和交接班前对作业现场的环境、隐患和作业人员的情绪进行整理，确保作业现场人、机、物、环始终处于最佳安全状态，达到安全生产的目的。

建立民情联络制度，聘请了 18 名民情联络员；开通了公司领导信箱和电子邮箱，积极搜集职工关心的热点、难点问题，征求职工对企业安全、生产、经营中心工作的意见和建议，强化了职工的民主监督，维护了职工的合法利益，调动了职工参与公司快速发展的积极性和主动性，促进了各项工作稳步推进。为服务职工，公司成立了新闻宣传中心，创刊了《陕北矿业人》双月刊杂志，对 2006 年创刊的《陕北矿业报》进行改版和彩色印刷；对公司网站进行更新升级，投入 260 万元新建了网络视频采编系统，为基层单位配备了先进摄影（照相）器材，初步形成了全方位、多层次的"一报一刊一网"的新闻宣传工作平台，最大限度地发挥了宣传思想政治工作外树形象、内凝人心的优势和作用，为公司快速发展提供强有力的思想保证、舆论支持和文化条件。

建立健全了劳模档案和管理制度。劳模管理工作逐步走向日常化、规范化；落实了两年一度的劳动模范和先进集体评选工作，引导职工建功立业；参与劳模荣誉津贴发放等政策的制定，组织劳模和各类先进外出学习考察，不断增强其荣誉感和责任感，激发了广大职工干事创业、争当先进的热情，形成了追求卓越、争创一流的良好风尚。近年来，公司各条战线涌现出一大批先进典型，叶秀林、张增彦先后被评为"全国煤炭工业劳动模范"，张波被评为"全国百名优秀青年矿工"，霍世生被评为"陕西省道德模范"，安仁旺家庭被评为"陕西省五好家庭"，阎海波、冯刚等 4 名职工被评为陕西煤业化工集团劳动模范，寇公长等 14 名职工被评为公司劳动模范。

积极开展文明单位创建活动。由于绝大多数干部职工的家在关中，而工作地点又分布在榆林神木、府谷等地，生活比较单调。公司着力改善广大干部职工的生产、生活、文化娱乐和学习环境。

公司各级党组织结合工作实际，组织开展了"党员责任区""党员先锋岗""党员身边无事故、无'三违'""党组织和党员承诺""学党史、忆传统、争先进、促发展""党在我心中"等活动，做到了党建创新，助推了安全生产。韩家湾煤炭公司还以路灯杆牌板为载体，将历年来的先进人物的照片制作成"星光大道"，发挥了先进典型的辐射带动作用。

公司主动关心职工，重点帮助职工解决深层次需要，解决了职工榆林落户问题，为每一位职工过生日，增加了住房和交通补贴，制作了四季工装，发放了卫生洗涤用品，安置了大中专院校毕业的职工子女就业，实施了职工疗养、休养制度，调整了井下工作津贴、夜班津贴和班中餐标准，激发了职工对企业的归属感和自豪感，为各项工作稳步推进起到了积极作用。

公司各级组织对因病、因天灾人祸等出现困难的职工及时给以扶助。同时，公司根据企业效益提高职工收入，坚持收入向生产一线、工程技术岗位和苦、脏、累岗位及高技能岗位倾斜，切实让职工共享公司的发展成果。

井下采掘工作面机械化达到100%，安全警示牌、井下超市等人性化服务随处可见。职工公寓、职工食堂、职工浴池、矿区环境卫生全部由外委的物业公司专业化管理，并为职工宿舍配备了电视机、洗衣机、饮水机，开通了互联网和数字电视。公司上下处处洋溢着现代、文明与和谐的气息。

积极履行社会责任。公司还积极参与"千企千村"扶助行动，定向扶助米脂县李站乡张庆沟村和佳县王家砭镇王车畔村，投入资金40万元，实施完成了扶助项目；投入80多万元，积极做好"两联一包"帮扶工作，结合永寿县常宁镇安德村和汉阴县沙河村实际情况，合理确定增收帮扶项目，树立了良好的社会形象；积极开展义务献血、爱心助学、植树造林、青年志愿者等社会公益活动，彰显了新时期陕北矿业人发展不忘国有企业社会责任的感人情怀。

第 11 章 展望与思路

陕北矿业着力调整下属单位发展布局，在煤炭主业上对韩家湾煤炭公司进行生产能力重新核定、信息化升级和生产系统优化，全力争创行业一流现代化安全高效矿井；高起点、高标准建设涌鑫矿业公司安山煤矿，积极做好其达产准备；在专业化服务上，组建了以掘进、联采、机电安装、搬运为主要服务功能的生产服务分公司。与此同时，公司积极进军煤化工产业，建成了煤化工一期项目。在新形势下，如何定位和创新是摆在陕北矿业面前最为关键的问题。

11.1 形势与机遇

目前，我国煤炭行业整体运行呈下滑态势。随着我国经济发展进入"新常态"模式，煤炭行业也将由持续高速增长进入"需求增速放缓期、过剩产能和库存消化期、环境制约强化期和结构调整攻坚期"四期并存发展阶段，在短期内，煤炭行业这种低迷现状将继续存在。但是，我国"富煤贫油少气"的能源禀赋条件和经济社会发展阶段决定了我国未来较长一段时间内，煤炭作为我国基础能源的主体地位不会改变。综合国内外研究机构的研究报告，可以做出以下研判。

第一，世界经济增速明显减缓、能源需求总量仍将增加。

世界能源消耗量与世界经济发展高度正相关，能源发展趋势主要取决于世界经济发展趋势。受世界经济发展增速放慢的影响，可以肯定的是未来2~3年世界能源需求增速将明显回落。根据世界主要能源结构的预测和专家的分析，全球能源消费增速将显著下降，从过去十年的年均2.5%下降到今后十年的年均2.0%，2020—2030年会进一步下降到年均1.3%。但是，能源消费总量仍将继续增加，其中煤炭消费增量绝大部分来自中国和印度等发展中国家，具体见图11-1。

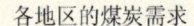

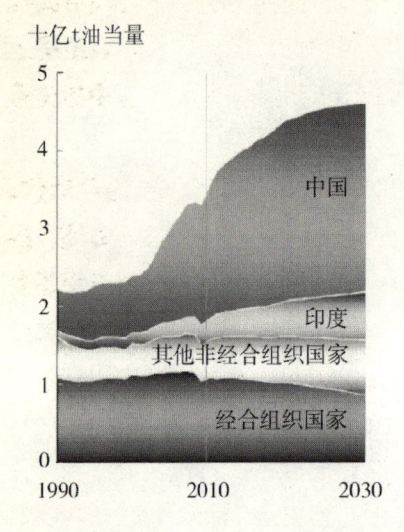

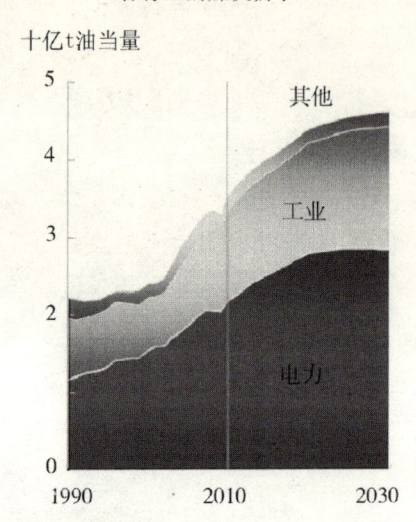

图 11 −1　世界煤炭需求趋势

注：数据来源 BP《2030 世界能源展望》。

第二，世界能源结构调整对国内煤炭的"挤出效应"越来越明显。

根据图 11 -1，今后十年，煤炭仍是发电燃料消费增长的主力军，占 39％的份额。核电、水电和其他可再生能源电力在发电结构中的总份额将与煤炭持平。欧盟联合研究中心（JRC）预测，27 个欧盟成员国到 2020 年可实现可再生能源占电力比例达 34％的目标。

另外，由于从页岩中开采的页岩气和页岩油的产量急剧增长，美国用于发电的普通煤炭出现了过剩，过剩的煤炭有很大一部分将会投向国际市场。

还有，由于可再生能源的普及和传统煤炭火力发电站的相继关闭，欧洲煤炭消费将逐步减少。在欧洲市场需求饱和的情况下，中国将成为美国煤炭出口的重要对象，势必对我国煤炭行业带来巨大冲击。根据海关总署最新统计数据显示，2015 年上半年我国就进口了 0.99 亿 t 煤炭。进口煤炭的大量涌入，势必进一步使国内煤炭市场供大于求的形势更加紧张。

第三，我国长期以煤炭为主的能源消费格局不会有实质性改变。

煤炭资源是我国第一大能源资源，煤炭在我国一次能源生产和消费构成中占到 60％以上。2015 年 4 月 16 日，国家发展和改革委员会能源研究所、国家可再生能源中心在京发布了"中国2050年高比例可再生能源发展情景暨路径研究"项目成果。研究表明，2050年可再生能源能满足我国一次能源供应的60%及电力供应的80%以上在技术上是可行的，在经济上是可接受的。即使上述目标能实现，到2050年，煤炭在我国能源中的比重仍然高达30%~40%。

在未来相当长的时期内，煤炭仍居我国能源生产和消费的主导地位，但煤炭企业运营管理水平是决定上述主导地位发挥的关键所在。另外，国内页岩气开发面临技术上和环保上的风险，离真正大规模商业化应用还有较大的距离。因此，煤炭在能源结构中的比重不会快速降低，这给煤炭企业积极转型赢得了时间。

11.2 转变与卓越

11.2.1 转变经济发展方式

加快转变经济发展方式，是新的历史条件和新的起点上，我国经济社会领域的一场深刻变革，已经被视为引领未来经济发展和繁荣的历史机遇，决定中国现代化命运的又一次重要战略抉择。它的要义主要包括三个层面：一是经济发展由主要依靠物质资源消耗向主要依靠科技进步、劳动者素质提高、管理创新转变；二是经济发展由主要依靠投资、出口拉动向依靠消费、投资、出口协调拉动转变，由主要依靠第二产业带动向第一、第二、第三产业协同带动转变；三是经济发展由片面注重经济增速向注重经济、社会和资源环境协调发展转变，实现政治、经济、文化、社会建设和生态文明的"五位一体"协调发展。

陕北矿业作为陕西煤业的优势骨干企业，作为陕北能源化工基地建设的主力军和排头兵，加快转变经济发展方式，是陕北矿业义不容辞的责任。一是要进一步夯实安全基础，强化"两个理念"，逐步构建"政治、经济、生产"三大本安体系，实现企业安全发展；二是在做强煤炭产业的基础上，做好煤化工项目，建立循环经济体系，实现产业格局由以煤炭为主向煤基多元化及产业高级化转型，通过拉长产业链实现产品增值和产业结构优化升级，实现经济总量由低附加值向高附加值转变；三是依靠科技进步，实现传统产业向高科技产业转变，突显科技的支撑作用；四是实施品牌培植和企业形象再造工程，实现成本竞争向品牌竞争转变，提升企业的无形资产，创造一流的企业文化；五是坚持低碳经济的发展方向，加大节能减排、环境保护和环境治理，实现向清洁化、效益好、消耗低、污染少的发展方式转变。

11.2.2 成就区域卓越能源企业

卓越企业就是具有永续竞争力的企业。陕北矿业取得了巨大成效，但是与国内其他能源企业相比，核心竞争力还不够强，经济总量还不够大。因此，陕北矿业要想成为现代化、一流的卓越能源企业集团，就必须持续培育和提升自身的核心竞争力，彻底破解安全、市场、资金链、人才四大难题；识别、评估和防范企业经营管理过程中的各种风险，特别是提高对煤化工产业潜在风险的认识、化解和应对能力，为企业发展保驾护航。

卓越企业必须有卓越的企业文化，而要构建卓越的企业文化，必须把科学发展的价值观、创新观、业绩观真正融入企业各级管理者和员工的一言一行中。企业发展一定要从政治、经济、文化、社会、生态"五位一体"的大发展观来研究工作、谋划发展，铸造企业的科学发展之魂，实现与产业资本的完美结合。因此，破除狭隘的本位主义、树立科学发展的大局观需要不断地解放思想、更新观念，并将这些思想和观念变成具体的行动，这既是塑造企业精神的最佳方法，也是实现企业发展目标的最佳路径。

11.3 发展思路

11.3.1 切实提高安全执行力

安全生产始终是陕北矿业一切工作的前提和基础。安全生产抓不好，将会颠覆陕北矿业大好的发展形势和美好的发展前程。当前，陕北矿业已经步入了跨越式发展的快车道，随着发展建设步伐的加快和产业拓展和延伸，安全管理幅度和难度随之进一步加大。虽然，近年来采取了安全治本之策，通过改革体制、加大投入、优化系统极大地改善了生产条件和工作环境，规范了员工行为，进而提高了员工安全生产素质等，但是，陕北矿业安全生产仍未摆脱瓦斯、煤尘、顶板、水患等灾害的困扰，安全管理在系统稳定性、精细化程度、现场管控能力及安全执行力上还存在漏洞和隐患。同时，煤化工项目的安全管理，对于陕北矿业将是一个全新的课题。

继续深入推进本安体系全面实施，继续扎实推进安全质量标准化建设，加大隐患排查整治，消除安全隐患，进一步规范危险源辨识和风险预控管理，突出管理重点，抓好顶板、重点工程、机电运输设备关键环节的安全管理和煤矿基本建设项目、外委队伍的监管。建立和创新煤化工项目安全管理体制、机制和方法。安全管理成败最终取决于安全执行力水平，努力构建"人—机—环境—文化"协同机制，深入研究不同工种、不同环境、不同项目下员工安全生产行为的"衍生—固化—自觉"机理。以员工的安全生产行为为基点，以强力推行准军事化管理为突破口，进一步理顺安全管理体制，加强对基层安全管理运行情况的监督，切实提高集团公司整体安全执行力。

11.3.2　保障企业可持续发展

目前中国煤炭行业前四大企业的市场集中度仅20%，前八家也只有28%，比较合理的比例则应分别达到40%和60%。一方面，作为基础产业的煤炭行业需要有合理的产业集中度，这将有利于减少安全事故发生率，提高资源利用率。因此，资源整合将是今后我国煤炭工业发展的必然趋势。另一方面，国内一些大型煤炭企业纷纷"走出去"，增加自身的资源储备。

创新资源整合新模式，突破传统的资源整合区域模式，积极研究和实施按产业价值链和企业价值链进行资源整合的模式。充分利用陕北矿业的技术优势、管理经验和市场地位，采用并购、控股、托管等方式，实施"走出去"战略。利用当前煤炭行业的不利态势，加大对周边煤炭资源的整合力度，进而增加公司的资源储备，确保陕北矿业的可持续发展。

进一步优化项目管理，严格"四大控制"，突出对安全管理、投资控制、工程质量、节点工期等重点指标的考核，强化概算、预算审查，确保项目建设优质、高效、安全，全面提升基本建设管理水平。创新项目投资决策方法，积极运用投资项目柔性管理办法，适时管理煤炭和煤化工项目投资过程中的各种风险和灵活性。创新项目后评价方法，深入做好项目后评价工作，从项目核心工艺选择、关键设备选型、建设工期、工程质量、投资控制、生产运行、投资回报率等方面认真进行总结评价，实现投资效益和投资价值最大化；实现公司投资项目带动发展战略，实现投资项目"资源—环境—经济"协调发展。

11.3.3 实现企业内涵式增长

由于陕北矿业总部与基层单位存在上下信息不对称现象，容易导致资金管理的一些失控，如先斩后奏挪用资金、改变预算资金用途等现象时有发生，这使得预算的执行力大打折扣，因此应加强资金预算的实际管控力度。公司在"责任目标考核体系"具体实施中，有的单位在执行中没有真正理解指标体系，考核指标生搬硬套，指标的操作性较差。所以，一方面，要进一步优化"责任目标考核体系"，进一步完善"责任目标考核体系"绩效考评实施方案，在广度和深度上下功夫，不断提高管理水平；另一方面，针对煤化工项目的特点，在安全管理、人事、财务、激励与约束机制等方面进行创新，合理集权与分权。

陕北矿业在公司上下全面推行定额管理，进一步完善定额标准体系和管理办法，使之更加科学、准确，为精细化管理提供可靠依据，实现精细化管理的纵向延伸，进而不断提升精细化管理水平。推进全面预算管理，健全财务风险预控体系，提升财务管控能力。以财务状况动态监测和经营风险分析预警为手段，从事后监督为主转向事前引导、事中监控和事后监督相结合的全过程管控，提高财务管理合规水平。建立风险监控预警制度，将内控制度及风险管控的理念贯穿到日常的审计工作中，切实提升审计管控能力。建立企业法律风险防范机制，提升公司整体债务风险、法律风险的防范水平。尽管公司物资采购实行了集中采购，从资金角度实现了管控的目的，但还未考虑如何将订购、储存、管理等成本进行优化与协调，以达到总采购成本最低。

11.3.4 提升陕北矿业核心竞争力

建立以企业为主体、市场为导向、产学研相结合的技术创新体系，鼓励创新要素向企业集聚，积极探索产学研结合的新模式，努力推进产学研合作向高层次发展。

进一步完善专业化管理体系和机制，坚持对标一流，强化服务，提高效能。进一步深化干部人事制度改革。按照民主、公开、竞争、择优的原则，多形式、多渠道地培养、选拔和使用干部，全面推行岗位竞聘制度，保证德才兼备、业绩突出、群众公认的优秀人才脱颖而出。优化科技人员激励机制，积极引进、培养、使用和锻炼、储备各类人才，特别是管理型人才、应用型人才、开发型人才。建立人才培养平台，解决专业技术人才待遇问题，充分调动科技人员的积极性。通过这些措施，优化和提升陕北矿业的核心竞争力。

站在新的历史起点上，调整发展结构、转变发展方式、实现跨越发展是新时期陕北矿业人的共同目标和不懈追求。面对"十三五"难得的发展机遇，陕北矿业人将乘势而上，奋力一搏，在科学发展的道路上创造陕北矿业更加辉煌、灿烂的明天！

参考文献

[1] James P. Womack, Daniel T. Jones, Daniel Roos. The machine that changed The World[M]. New York:Simon & Schuster,1990.

[2] 刘春峰,侯颂.实施精细化管理、提高企业整体效益[J].中国煤炭,2008,34(2):74-77.

[3] James P. Womack. Moving beyond the tool age (lean management) [J]. Manufacturing Engineer,2007,86(1):4-5.

[4] 佃律志.图解丰田生产方式:图例解说生产实务[M].北京:东方出版社,2006.

[5] 王俭.神华宁煤集团精细化管理实践[J].煤炭经济研究,2007(12):56-59.

[6] 李永生.现代煤矿精益管理[M].徐州:中国矿业大学出版社,2009.

[7] 张光耀.陕西南梁矿业公司精益管理模式研究[D].西安:西北大学,2009.

[8] 王吉鹏,李明.企业文化诊断评估理论与实务[M].北京:中国发展出版社,2005.

[9] 李强林.基于动态匹配的煤炭企业精细化管理模式[J].中国煤炭工业,2014(3):68-70.

[10] 李强林.论陕西煤炭工业的可持续发展[J].煤炭经济研究,2002(9):21-24.

附录 陕北矿业业务流程体系

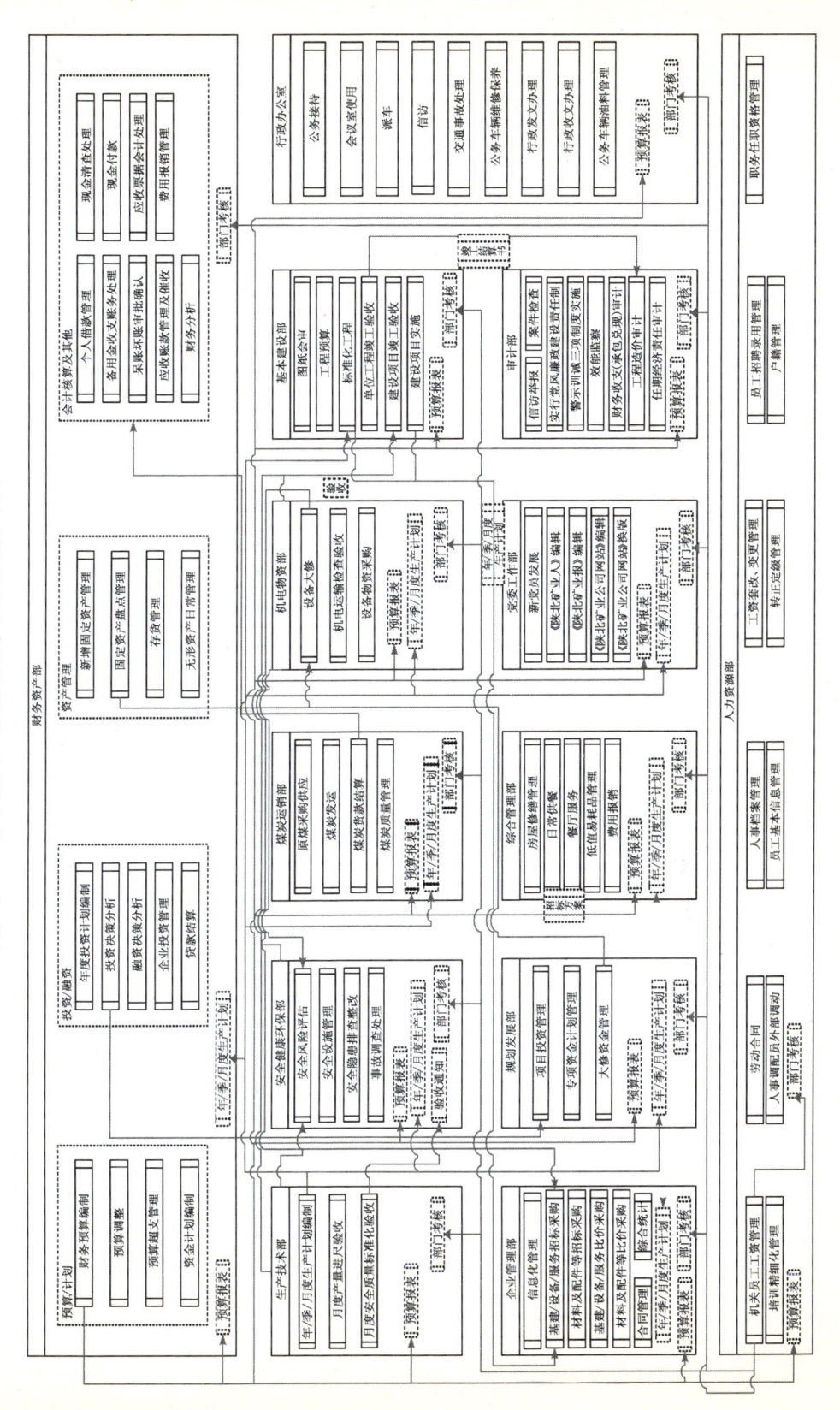